AS PEQUENAS VIRTUDES DO LAR

GEORGES CHEVROT

AS PEQUENAS VIRTUDES DO LAR

6ª edição

Tradução de
Henrique Elfes

QUADRANTE

São Paulo
2022

Título original
Les petites vertus du foyer

Copyright © 1985 by M. Chevrot

Capa de
Gabriela Haeitmann

Dados Internacionais de Catalogação na Publicação (CIP)

Chevrot, Georges
  As pequenas virtudes do lar / Georges Chevrot; tradução de Henrique Elfes. – 6ª ed. – São Paulo : Quadrante, 2015.

Título original: *Les petites vertus du Foyer*
ISBN: 978-85-54991-69-2

1. Virtudes 2. Cristianismo I. Título II. Série

CDD-242

Índice para catálogo sistemático:
1. Virtudes : Cristianismo 242

Todos os direitos reservados a
QUADRANTE EDITORA
Rua Bernardo da Veiga, 47 - Tel.: 3873-2270
CEP 01252-020 - São Paulo - SP
www.quadrante.com.br / atendimento@quadrante.com.br

A PEQUENA VIRTUDE
DA CORTESIA

Numa carta dirigida a Mme. de Chantal, São Francisco de Sales escrevia: «Cortesia, pequena virtude, mas sinal de outra muito grande... E é necessário que nos exercitemos nas pequenas virtudes, sem as quais as grandes muitas vezes são falsas e enganosas».

Com efeito, é raro que alguém se extasie diante de uma pessoa discretamente afável e polida. No entanto, essa afabilidade e essa polidez supõem uma vigilância e um domínio de si mesmo pouco comuns.

Ora, há um certo número de pequenas virtudes que, à semelhança da cortesia, não provocam uma admiração ruidosa; mas, quando faltam, as relações entre os homens se tornam tensas, penosas e até tempestuosas, a ponto de terminarem às vezes em desastre. Estas «pequenas virtudes» são precisamente as que tornam aceitável e grata a nossa vida de todos os dias. E este é o motivo pelo qual quis dedicar estas páginas às pequenas virtudes dos lares cristãos.

À primeira vista, parece um propósito muito modesto. Talvez se estivesse à espera de um livro que tratasse das grandes verdades da religião. Porém, o lar – pois a ele se destinam estas considerações – não é lugar para discursos sábios e um pouco abstratos, mas para uma linguagem simultaneamente muito elevada e muito simples: a própria linguagem do Evangelho.

E a simplicidade não impedirá que o espírito acolha em ambiente de intimidade a visita do Senhor, cuja presença invisível santificará a vida de família.

* * *

Na verdade, não é entre as quatro paredes da sala em que a família se encontra que se deve observar a lei de Jesus Cristo?

Quanto a este ponto, haveria alguns erros que retificar em muitos espíritos.

Alguns imaginam que o único objeto da religião é garantir aos homens a felicidade no outro mundo. É verdade que Jesus Cristo nos fez essa promessa, e para que pudéssemos alcançá-la quis fazer parte da família humana; tomou a nossa carne e nos redimiu.

No entanto, esse dom prodigioso da felicidade eterna, que ultrapassa de longe as nossas forças e as nossas ambições, pressupõe a nossa fé, a nossa boa vontade, os nossos esforços sinceros, que são disposições que devemos cultivar desde já. Na realidade, temos somente uma vida que, para além da morte, não terá fim. A nossa eternidade bem-aventurada começou no dia do nosso batismo. É aqui, na terra, que começamos o nosso céu, orando a Deus e observando os seus mandamentos. A religião não é somente um assunto que diga respeito à outra vida; tem a sua função, e muito importante, nesta vida. Deve reger a nossa vida presente.

Dizer «a nossa vida presente» é o mesmo que dizer a nossa vida real, a nossa vida cotidiana. Sobre este ponto, também, muitas pessoas se enganam, e às vezes até os bons cristãos. Separam artificialmente aquilo que chamam vida profana dos deveres de religião, que constituiriam apenas um breve parêntesis na vida de todos. Mesmo que, para a maioria dos homens, o tempo reservado à oração seja necessariamente muito curto, devido às suas muitas ocupações, não esqueçamos que vivemos todo o dia sob o olhar de Deus: devemos-lhe constantemente a homenagem da nossa obediência, que se traduz em oferecer-lhe explicitamente todas as nossas atividades. Falando com propriedade, a expressão «vida profana» não tem sentido para um cristão, pois toda a sua vida está consagrada a Deus, a quem deve honrar em todas as suas ações, mesmo nas mais triviais: *Quer comais, quer bebais* – escrevia São Paulo – *ou façais qualquer outra coisa, fazei tudo para a glória de Deus* (1 Cor 10, 31).

Algumas pessoas se entristecem por não terem tempo para ir mais frequentemente à igreja; pela complexidade das suas responsabilidades profissionais e domésticas, não conseguem tempo para dirigir a Deus uma longa oração. Mas não sabemos que, embora curta, a nossa oração pode ser muito intensa? E por que procurar a Deus por um caminho em que Ele não nos espera? Deus marcou encontro conosco no lugar em que a sua providência nos colocou: é lá que o encontraremos com certeza, no meio das nossas obrigações cotidianas. Pensemos apenas em oferecer-lhe essas tarefas, cumprindo-as o melhor que possamos. Os nossos dias passam-se no lugar de trabalho ou no lar; e no caso da mãe de família, esses dois campos de ação se identificam, pois o seu trabalho mais importante é no lar. É aí que se devem praticar as virtudes cristãs.

É verdade que, às vezes, temos deveres muito graves a cumprir: cuidar de um enfermo, enfrentar uma situação material crítica, perdoar uma ofensa que nos faz sofrer; mas, via de regra, o cristão não se furta às virtudes difíceis, e a ocasião de praticá-las só se apresenta esporadicamente.

Em contrapartida, a vida familiar implica uma quantidade enorme de pequenos deveres, que muitas vezes negligenciamos por serem numerosos ou por não parecerem importantes. Mas são importantes, e este é o motivo por que merecem a nossa atenção.

Além disso, como sublinhava São Francisco de Sales, essas pequenas virtudes exigem uma grande virtude, isto é, um grande amor, um amor que se deve manifestar nos menores detalhes. Ao propor-nos praticá-las, não andaremos à busca de uma perfeição de segunda classe, mas da divina virtude da caridade, da qual as pequenas virtudes do lar são como que as moedas de troco.

Estas reflexões preliminares faziam-se necessárias para que ficasse clara a finalidade das páginas que se seguem. Mais algumas palavras serão suficientes para apresentarmos a pequena virtude da cortesia.

* * *

É agradabilíssimo o lar em que todos se esforçam por ser corteses e acolhedores; os nossos ancestrais diziam «polidos».

Ser polido, como a própria palavra o indica, significa suavizarmos as asperezas do nosso caráter. Um objeto que não foi polido é qualificado como tosco, e este adjetivo, aplicado aos homens, nada tem de lisonjeiro. Mas acontece que a polidez é muitas vezes considerada como artigo de exportação. Somos corteses e afáveis com as pessoas de fora, mas, quando entramos em casa, não nos importamos com nada. Afinal de contas, não voltamos para casa para nos distendermos e descansar?

De acordo, desde que a mola, ao distender-se, não salte bruscamente e acabe por ferir alguém. Para descansar, será indispensável levantarmos excessivamente a voz ou assumir ares carrancudos? Franzir as sobrancelhas ou «fechar a cara» não são sinais de uma verdadeira descontração, ao passo que o sorriso, as pequenas delicadezas e o antecipar-se aos desejos dos outros criam no lar uma atmosfera de repouso e de serenidade.

A cortesia não obriga somente os subordinados em relação aos superiores. *Cuidai de não desprezar nenhum destes pequeninos,* dizia o Senhor (Mt 18, 10-11). Cristo quer que respeitemos em qualquer homem a sua dupla dignidade de ser racional e de filho de Deus. Todo o homem, seja qual for a sua condição, tem direito à nossa consideração. E não é possível definir melhor a cortesia.

O lar de cada um será um lar cristão se nele todos rivalizarem em delicadezas uns para com os outros. Respeitemos os anciãos, cujos cabelos embranqueceram; tenhamos presente a fraqueza daqueles a quem devemos aconselhar ou repreender; levemos em conta a fadiga daqueles que se fecham demasiado em si mesmos. Extirpemos do nosso vocabulário e das nossas atitudes as rudezas que bloqueiam os profundos sentimentos de afeto que nutrimos habitualmente uns pelos outros.

Quereis esforçar-vos nisso ao longo desta semana? Eu vos prometo oito dias de felicidade.

A PEQUENA VIRTUDE
DO PASSAR DESPERCEBIDO

Dizíamos atrás que não existe caridade sem respeito mútuo, e que este respeito se traduz nas atenções que temos uns para com os outros; mas, para que a cortesia reine no lar, é necessária uma segunda virtude, a pequena virtude de saber passar despercebido.

É virtude evangélica, sem dúvida. Olhemos para Nossa Senhora. Todo o início do Evangelho de São Lucas gira em torno dEla; é Ela que obtém de seu Filho o milagre das bodas de Caná. Mas, depois, só volta a aparecer uma única vez durante a missão do Salvador. Todo o resto do tempo, Maria desaparece, cedendo o lugar às santas mulheres que cuidam do Senhor e dos Apóstolos. Apaga-se até à hora trágica da Cruz, em que volta para junto de seu Filho que vai morrer.

E que grande modelo desse saber passar despercebido é São José! O Evangelho assinala a sua presença quando o Menino e sua Mãe precisam dos seus serviços. Fora disso, nem é mencionado.

Quanto a Jesus, o Filho de Deus que se abaixou até à nossa condição de criaturas, lembremo-nos de como se furta às ovações das multidões. Não quer que se fale das curas que realiza. Apaga-se diante de seu Pai, de quem é apenas o enviado. *Porque o Filho do homem não veio para ser servido, mas para servir* (Mc 10, 45), dizia Ele. Por isso, pode recomendar aos seus discípulos que não ambicionem situações honoríficas: *Quando fores convidado, coloca-te no último lugar* (Lc 14, 7-11). Se fores digno de uma posição mais elevada, não faltará quem te conduza até lá.

Ouvimos o conselho do Senhor: «Apaga-te diante dos outros. Se podes escolher, ocupa o último lugar». Não nos queixemos do conselho, pois assim estaremos mais perto de Cristo. Charles de Foucauld, o eremita do Hoggar, cuja insólita carreira é bem conhecida, converteu-se devido a esta simples frase de Huvelin: «Jesus tomou de tal forma o último lugar, que ninguém lho pôde arrebatar».

Mas – sempre há um mas – o nosso amor próprio sente-se injustiçado nesse passar despercebido, e logo se põe a reivindicar os seus direitos, quando não os toma à força, o que ocorre com frequência. Ocultar-se? Desaparecer? Que ideia!

O amor próprio afirma-se, põe-se em evidência, instala-se, avoca tudo para si. E os outros? Dos outros só conhecemos aquilo que nos devem ou aquilo que deles podemos tirar.

Daí surgem os conflitos que arruínam o bom entendimento entre os homens. «Por que devo ser passado para trás? Por acaso serei menos capaz do que aquele outro?», pensará este. «Tenho as mesmas necessidades que aquele, e pelo menos os mesmos méritos», opinará outro. E não faltará quem diga: «Eu sou o chefe: como posso passar despercebido, se me cabe a mim exercer a autoridade?»

E quase se chega à conclusão de que a humildade não pode ser tida por virtude, pois, se a puséssemos em prática, conduziria ao aniquilamento total da personalidade.

Ora, aí está algo que revela uma extrema confusão de ideias. O Evangelho – como teremos ocasião de repetir – é uma escola de grandeza e de audácia. Longe de nos aniquilar, obriga-nos, pelo contrário, a fazer render ao máximo todas as nossas qualidades naturais, a pôr-nos na primeira fila à hora de agir; mas, depois de termos agido o melhor que tenhamos podido, obriga-nos também a não nos darmos importância. Esse é o primeiro aspecto da virtude do saber «apagar-se».

Aliás, a palavra já exprime o que queremos dizer. O professor não teria nada que apagar do quadro-negro se antes não tivesse escrito na ardósia algumas letras ou números. Só posso apagar-me depois de ter agido; só posso desaparecer depois de me ter mostrado.

A humildade não consiste em esconder-se para não fazer nada, mas em não nos admirarmos a nós próprios depois de termos feito o máximo e o melhor que tenhamos podido. Mais ainda: se queremos ter sucesso em algum trabalho, é preciso que não tenhamos nada em vista além desse trabalho, sem buscarmos os aplausos. Se queremos falar utilmente, é necessário pensarmos unicamente no que dizemos, sem nos escutarmos a nós mesmos. Não se pode ser ao mesmo tempo espectador e ator; não podemos ir até à janela para nos vermos passar. O bom artista está todo inteiro na sua obra, apaga-se diante dela. Fica feliz se a executa à perfeição, e repudia como indignos dele a tentação da vaidade e o sentimento de autossuficiência. Pode-se dizer por acaso que a sua modéstia o aniquilou? Por mim, penso que esse homem humilde é singularmente nobre, e a nobreza não é orgulho, antes pelo contrário o exclui.

A pequena virtude do saber passar despercebido não só não nos diminui, como apresenta um outro aspecto que a relaciona com a caridade. O discípulo de Jesus Cristo, além de não se admirar a si mesmo, alegra-se em reconhecer o bem que os outros fazem, especialmente o que os outros fazem melhor do que ele. Ninguém o ouvirá vangloriar-se, antes será ele quem primeiro louvará com satisfação o sucesso dos outros. Assim como desaparece por detrás do seu trabalho bem feito, também se apaga com toda a simplicidade por detrás das qualidades e dos méritos dos seus semelhantes. São Paulo não hesita em fazer desta disposição um preceito universal: *Que cada um de vós, com toda a humildade, considere os outros superiores a si* (Rom 12, 10).

Não nos assustemos. O Apóstolo não nos pede que neguemos a evidência. Não é necessário fecharmos os olhos diante das nossas próprias qualidades; não há dúvida de que somos mais talentosos ou mais virtuosos do que muitos outros, sob vários pontos de vista. Mas não é menos verdade que mesmo aqueles que com toda a razão consideramos inferiores a nós têm aptidões e virtudes que nós não possuímos, pelo menos no mesmo grau. Se observarmos com objetividade, não haverá ninguém que não nos supere em alguma coisa: este é mais enérgico, aquele mais habilidoso, este mais arguto, aquele mais compreensivo. Procuremos sempre reconhecer as qualidades dos outros, e apaguemo-nos lealmente diante da sua superioridade.

Mais um passo, e chegaremos à perfeição. Já que os outros têm méritos e direitos como nós, por que havemos de exigir que se curvem sempre diante de todas as nossas vontades? Devemos saber apagar-nos também diante dos desejos e das preferências de todos aqueles com quem convivemos.

Há momentos em que um chefe de família tem de impor a sua decisão, sob pena de estar traindo o seu dever. Mas, nesses casos, não é a sua opinião ou o seu gosto que ele faz prevalecer: está exigindo o respeito a uma lei superior, a que ele próprio se submete em primeiro lugar. Fora destes casos, em que a autoridade tem o dever de exercer as suas responsabilidades, sempre o melhor meio de assegurar o bom relacionamento no lar é que cada um se proponha tornar a vida amável aos outros.

Ninguém quererá negar esta evidência. Se a mãe mereceu ser chamada a rainha do lar, é menos porque todos lhe obedecem do que por apagar-se continuamente ao serviço de todos. Não disse Jesus Cristo que o maior de todos é aquele que serve os outros? A mãe é a alma do lar porque cuida de tudo: deita-se por último para pôr em ordem o que ficou desarrumado, e é a primeira a levantar-se para que não falte nada a ninguém; nunca se queixa dos seus sofrimentos, nunca procura um louvor; não se preocupa com o que mais lhe conviria; sabe o que agrada ao marido e aos filhos, e desdobra-se para trazer contentes todos aqueles a quem ama.

Pois bem! Seria injusto que a mãe fosse a única a ocultar-se. Todos devem imitá-la e, fazendo-o, contribuem para o bem-estar da família. Lares infelizes são aqueles em que predominam as duas horrorosas leis do «cada um por si» e do «primeiro eu». Cristo substituiu este reino do egoísmo pelo do amor, que implica esquecimento de si mesmo.

Nos lares cristãos, inverte-se a ordem egoísta: «primeiro vêm os outros, depois eu». Encontramos a nossa felicidade em tornar felizes os outros. Em vez de nos apoderarmos da cadeira mais confortável ou de estarmos à espreita do melhor bife, cada um se empenha em oferecê-los aos outros e se alegra em dar-lhes esse prazer.

Os esposos sempre vivem em perfeita harmonia quando, antes de exprimirem um desejo, o marido e a mulher, cada um por sua conta, se perguntam interiormente: O que é que ela prefere? De que é que ele gostaria?

E os filhos, não devem eles pensar que o pai e a mãe renunciam inúmeras vezes às suas comodidades para lhes darem uma satisfação? Os pais alegram-se com a felicidade dos filhos. E os filhos, por sua vez, não devem deixar passar nenhuma ocasião de adivinhar as preferências dos pais, e fazê-lo discretamente, sem que eles o percebam. Não hão de dizer: «Ninguém pensa em mim, só eu é que me sacrifico». Numa família em que todos procuram passar despercebidos, ninguém se sacrifica. Não há necessidade de pensarmos em nós mesmos, porque os outros o fazem, antes de que nós o façamos. Ninguém fica esquecido, quando cada um se esquece de si pelos outros.

«Mas isso seria o paraíso na terra!», dirá alguém.

Não há dúvida de que sim, e desejo de todo o coração que se faça a experiência.

A PEQUENA VIRTUDE
DA GRATIDÃO

A pequena virtude da gratidão completa a primeira trilogia das virtudes do lar. Não custa apagarmo-nos diante dos outros quando pensamos em tudo o que nos dão, e o nosso agradecimento por eles se manifesta tratando-os com delicadeza e cortesia.

Felizmente, é pouco comum no seio das famílias a ingratidão positiva, que se traduz em maldade. O filho ingrato que foge da casa paterna batendo com a porta, o pai despótico que faz da mulher e dos filhos uns escravos, são monstruosidades. O que é menos raro, porém, é esquecermo-nos dos serviços que os outros nos prestam, ou pelo menos o mau hábito de nunca lhes manifestarmos o nosso agradecimento. A esses defeitos lamentáveis convém opor a pequena virtude da gratidão.

Os esquecediços nesta matéria são, ao que parece,

bastante numerosos. Inclina-nos a pensar assim um episódio do próprio Evangelho: o dos dez leprosos que Jesus curou nas cercanias de uma aldeia. Quando se viram curados do seu mal, houve apenas um dentre os dez que veio lançar-se aos pés do Salvador e agradecer-lhe a cura. Jesus não pôde deixar de observar: *Não foram dez os que ficaram curados? Onde estão os outros nove?* (Lc 17, 11-19). Esses, sem dúvida, bendisseram em seu coração o enviado de Deus que se apiedara da sua miséria; mas tiveram tanta pressa em mostrar-se às autoridades oficiais, para que ficasse comprovada a sua cura e pudessem retornar à vida comum, que negligenciaram um dever de gratidão elementar. Ora, os nove esquecidos eram compatriotas de Jesus, e o único que se lembrou de manifestar-lhe a sua gratidão foi um samaritano, um estrangeiro.

O próprio Cristo sublinha esse contraste aparentemente paradoxal que, na verdade, nada tem de novo. Se, por um lado, muitas vezes esperamos em vão o agradecimento de pessoas a quem ajudamos à custa de verdadeiros sacrifícios, por outro, há pessoas por quem fizemos muito menos e que muito tempo depois ainda continuam a lembrar-se dos favores recebidos e não param de pensar em novas maneiras de nos mostrar a sua gratidão. E acontece também que nos empenhamos em agradecer a um desconhecido um favor ocasional, e nem parecemos perceber os serviços cotidianos que nos prestam os nossos familiares. Serão essas gentilezas algo inteiramente natural, quando praticadas por eles? Talvez sim, mas também deveria sê-lo o manifestar-lhes que somos sensíveis a elas.

A nossa memória – não será antes o nosso coração? – é estranhamente caprichosa. Se, por um lado, esquecemos uma amabilidade que tiveram conosco, por outro, como nos lembramos de uma falta de atenção ou de uma palavra que nos feriu! Diz um provérbio: «A lembrança do mal tem vida longa, a lembrança do bem logo passa.» E como sabemos também recordar aos outros os favores que lhes prestamos ou o esforço que fizemos para ajudá-los! A memória dos serviços prestados é mais persistente que a dos benefícios recebidos. A vaidade sabe falsear muito bem as perspectivas. É, sem dúvida, muito menos grave que as nossas ingratidões procedam de uma cócega do amor próprio do que da falta de afeição por aqueles que nos amam; mas seria muito melhor que a nossa afeição fosse suficientemente forte para preservar sempre em nós o espírito de gratidão.

É necessário, pois, combater o amor próprio e começar a fazê-lo quanto antes. Qual o lar que ainda não presenciou o diálogo que se segue?

À mesa, a criança pede um pedaço de pão ao pai; este passa-lhe um bom naco, que o filho, sem esperar, morde sofregamente.

– Muito bem! pergunta o pai, e o que é que a gente diz?

De boca cheia, o garoto murmura um tímido obrigado.

– Obrigado, quem?

– Obrigado, papai.

Quantas vezes não se repete esta cena!

Uma das primeiras palavras articuladas por uma criança é «não». Essa, nem é preciso ensinar-lhe; mas quantas repetições são necessárias para inculcar-lhe o hábito de dizer: «obrigado»! Por instinto, só estende a mão para receber: «Mais, mais!...» Mas o agradecimento não brota das obscuras regiões do instinto; procede de uma consciência iluminada pela educação.

Muitos adultos, neste aspecto, permanecem crianças durante toda a vida. Nunca se satisfazem, pedem sempre mais, e ainda reclamam. Insaciáveis, tornam-se infelizes, entristecem e cansam os outros, sempre com novas exigências. Como levá-los a reconhecer que o que lhes falta é muito pouco diante de tudo o que receberam? E, sobretudo, como persuadi-los a apreciar mais o que possuem?

«Obrigado» é uma pequena palavra alegre, é a palavra mágica que introduz no lar a delicadeza, a boa ordem e a serenidade.

«Obrigado» é a oração que se eleva de um lar cristão até Deus, a fim de lhe dar graças. Temos consciência do lugar que esse ato de gratidão ocupa nas nossas orações habituais? Dizemos pela manhã: «Meu Deus, eu vos agradeço todas as graças que me destes até aqui. É novamente por vossa bondade que eu vejo este dia...» E à noite: «Como poderei agradecer-vos, meu Deus, todos os bens que de Vós recebi? Pensastes em mim desde toda a eternidade, tirastes-me do nada, destes a vossa vida para redimir-me, e ainda me cumulais todos os dias de inumeráveis favores...» Pensemos nisto: não há um só dia em que Deus não nos conceda algum benefício especial; mesmo nos dias mais atribulados, observemos bem e veremos que, ao lado das nossas penas, há uma pequena alegria. E por acaso não é uma grande felicidade a união que reina no lar de cada um? Vós, que vos amais, agradecei muitas vezes a Deus esse dom.

Mas devemos saber dirigir também aos outros essa pequena palavra que nos custa tão pouco dizer, e que é tão agradável de ouvir. Antes de nos deitarmos, repassemos mentalmente tudo aquilo que recebemos dos outros no dia que acaba. De todos os outros, porque são muitos os homens e mulheres que trabalham diariamente para nos alimentar e vestir, para nos proporcionar as comodidades da existência.

Mesmo que limitemos esse cálculo aos membros da família, ficaremos literalmente maravilhados diante de tudo o que recebemos deles num só dia: tudo o que os pais ensinaram aos filhos; os conselhos que lhes deram; o braço forte com que os ampararam na hora certa; aqui um encorajamento, acolá uma repreensão, mas sempre para o nosso bem; uma palavra afetuosa que nos comoveu, uma brincadeira que dissipou a nossa tristeza; os sucessos de um ou de outro, de que nós nos orgulhamos; os seus esforços, que estimularam os nossos. É uma soma grande, a de tudo aquilo que cada um recebe dos outros no lar. Aí temos o motivo para nos decidirmos a não ser sempre dos que só recebem. Perguntemo-nos: «Que é que eu lhes dei? Que posso dar-lhes em troca?»

Mas enquanto aguardamos a ocasião de servimos com generosidade igual à deles, não nos esqueçamos de ir dizendo «obrigado» em todas as oportunidades. «Obrigado», ao menor serviço prestado por quem quer que seja, mas um «obrigado» sem afetação, como se apenas trocássemos um olhar. Por si só, essa palavra compensa todos os esforços; suaviza o comentário talvez um pouco exaltado que nos havia escapado antes; equivale a um sorriso, e muitas vezes o provoca; torna feliz aquele que a pronuncia e aquele a quem se dirige.

É tocante observar que, no momento em que o Senhor se entregou voluntariamente à morte para nos merecer a vida eterna, quis agradecer aos Apóstolos a lealdade que lhe demonstraram enquanto conviveu com eles: *Vós permanecestes comigo nas minhas tribulações* (Lc 22, 28), diz Cristo. A grandeza da sua alma revela-se nesta delicadeza. Não se cansou de cumular de bens os Apóstolos, deu-lhes tudo, e é Ele quem lhes agradece.

Não será sempre esta a marca de um coração generoso: mostrar-se agradecido aos outros, por pouco que estes tenham procurado fazer por ele? Os ingratos alinham-se entre os corações egoístas, os espíritos mesquinhos e os caracteres medíocres. A pequena virtude da gratidão é prova de um coração grande. Sejamos agradecidos mesmo com os que se comportam desastradamente conosco ou com os que se enganam a nosso respeito, ao menos pela sua boa intenção.

A PEQUENA VIRTUDE DA SINCERIDADE

Dizei sim se for sim; e não se for não (Mt 5, 37). Esta é a regra que Jesus Cristo impõe aos seus discípulos. Ele quer que todos possam acreditar na nossa palavra.

É impossível haver vida social se não se pode confiar na palavra dos outros. Enganar alguém é tratá-lo como inimigo, mas é, ao mesmo tempo, desonrar-se e tornar-se indigno de confiança. Compreende-se que o Senhor não aceite que de uns lábios cristãos saia uma mentira. Nada de astúcias nem de enganos; digamos simplesmente a verdade: *sim* quando for sim; *não* se for não.

Seria ofensivo até mesmo supor que alguém possa mentir num lar cristão. Seremos mais categóricos: onde grassa a mentira, poderá ainda haver a aparência de um lar, mas os muros estarão rachados e a ruína próxima. Não é possível amar fora da verdade e, na linguagem da afeição, a mentira não passa de uma traição.

Mas se é supérfluo e até ofensivo – repito – lembrar o dever da franqueza aos membros de uma família unida, pode-se dizer o mesmo da pequena virtude da sinceridade?

Quando o garotinho se engasga nas explicações sobre a sua conduta, a mãe o interrompe: «O que é que me contas? Teu nariz está crescendo». Se o culpado se olhasse ao espelho, talvez contestasse a veracidade do que a mãe lhe acaba de dizer. A mãe, porém, não se engana: as narinas, os lábios, as pálpebras do pequeno mentiroso mostram um leve tremor, que revela que ele está prestes a tomar certas liberdades com a verdade. Ora, este defeito não é característico unicamente dos pequenos; mesmo os adultos estão igualmente expostos a cair nele; quer queiramos, quer não, esses arranhões na verdade constituem de certo modo um abuso de confiança, e além disso acabam preparando o caminho para mentiras mais graves. Devemos pô-los de parte radicalmente.

É próprio de uma pessoa sincera não querer dizer senão a verdade. Alguns afirmam que a palavra sinceridade vem do latim *sine cera,* sem cera, por referência às ceras, cremes e unguentos com que as damas romanas mascaravam as rugas do rosto. Hoje, as senhoras também conhecem esses segredos de beleza, e penso que seria excessiva severidade condená-las por isso, já que os empregam, ao que me parece, com o desejo de se mostrarem mais atraentes aos que as cercam, embora nenhuma pintura substitua o frescor natural da juventude. O que não podemos desculpar é o recurso a quaisquer artifícios similares para embelezar, colorir ou disfarçar a verdade.

A sinceridade aplica-se ao que *pensamos* e ao que *fazemos*.

Em primeiro lugar, obriga-nos a não ter a mesma opinião que o último que falou, e a não dissimular a nossa maneira de pensar. Acontece, às vezes, numa família que, sob o pretexto da caridade, todos preferem fazer coro com os que defendem as suas opiniões com mais energia. Por medo de irritá-los, dizem *amém* a todas as suas afirmações. «Por que contradizê-los – pensam –, se não os convenceríamos mesmo?»

É certo que assim asseguramos a nossa tranquilidade; mas não é menos certo que, sob o manto da caridade, o que procuramos é encobrir a nossa fraqueza. Por acaso é lisonjeiro para os outros atribuir-lhes um caráter inflexível e autoritário? Se pensamos que se enganam, a caridade nos aconselha a esclarecê-los serenamente, expondo-lhes a nossa opinião, que poderá ampliar a deles. A caridade não nos obriga nunca a aceitar uma opinião de que discordemos; pede apenas que não firamos os outros ao emitir uma opinião diferente da deles.

Quando São Luís, rei da França, perguntou ao *sire* de Joinville se não preferia sofrer de lepra a cometer um pecado mortal, Joinville não teve receio de confessar-lhe ingenuamente o que pensava: «Eu, *qui oncques ne mentis,* eu vos digo que preferiria ter cometido dez pecados mortais a ser atingido pela lepra». Sem dúvida o rei tinha razão, e nós admiramos a sua santidade, mas não é menos admirável a lealdade do cavaleiro; «Eu, que jamais menti...» Esse é o tipo do homem sincero, incapaz de fingir.

Não praticamos a virtude da sinceridade somente quando exprimimos os nossos pensamentos, mas também no vasto campo dos fatos que testemunhamos ou dos atos que realizamos. Neste ponto, poucos conseguem ser perfeitamente objetivos, porque não olham para os fatos apenas com os seus olhos, nem os julgam apenas à luz da sua fria razão. Interpretam-nos sob o impulso, muitas vezes inconsciente, dos seus desejos ou dos seus temores, da sua simpatia, hábil em desculpar os amigos, ou da sua antipatia, sempre pronta para suspeitar dos motivos e intenções dos outros.

Não sabemos como é difícil cumprir a função de testemunha num processo? Desempenhá-la bem exigiria que a nossa atenção tivesse observado tudo e que a nossa memória tivesse retido tudo, com a exatidão de uma chapa fotográfica. Por isso, na impossibilidade de alcançarmos uma objetividade absoluta, é necessário que sejamos suficientemente desinteressados para declarar que relatamos as coisas tal como *pensamos* tê-las visto ou ouvido – ou pelo menos tal como as conseguimos entender –, assim como para exprimir os nossos juízos levando em conta o risco, que sempre corremos, de desvirtuar a realidade, ainda que levemente.

O risco é maior quando falamos daquilo que nós mesmos fizemos. É necessária muita coragem para não exagerarmos aquilo que nos exalta e não atenuarmos aquilo que nos é desfavorável. Mas inchar a verdade ou diminuí-la habilidosamente é sempre alterá-la. Pobre verdade! Parece sair do poço sem roupa alguma com que cobrir-se; mas raramente temos ocasião de contemplá-la assim, porque, quando chega a apresentar-se em público, alguém já cuidou de vesti-la.

Quando apenas a enfeitamos com adornos inocentes, é uma falta benigna, desde que, de tanto exagerar, não a tenhamos tomado irreconhecível. Mas quem é que nunca exagerou?

Exageramos para aumentar o interesse de uma história; exageramos por vaidade, para ficar com o papel do mocinho, e isso já é pior; e é péssimo quando «melhoramos» a verdade com a finalidade de satisfazer os gostos e inclinações do interlocutor. Adular alguém é necessária e fatalmente enganá-lo.

Talvez sejamos mais indulgentes com aqueles que escondem seus erros e falhas por timidez. É possível, certamente, não dizer toda a verdade sem chegar a mentir; mas, na maior parte das vezes, as reticências e os circunlóquios acabam por falseá-la. Devemos então condenar-nos abertamente diante dos outros? Às vezes, é até um dever – acompanhado, por outro lado, do direito de mencionar as circunstâncias atenuantes. Mas sempre ganharemos se falarmos de nós mesmos com severidade: quando nos acusamos, os outros nos desculpam. E vice-versa.

O próprio silêncio pode testemunhar, enfim, contra a verdade. Por exemplo, perguntam-nos alguma coisa e, para darmos uma resposta satisfatória, seria necessário entrar em detalhes. E então, por preguiça ou por desleixo, simplificamos, esquematizamos, e da verdade já não resta muita coisa.

Dos obstáculos que vimos até aqui, este último parece-me o mais perigoso, porque atenta contra a confiança que deve reinar no ambiente familiar. Se nos persuadirmos de que as nossas atividades não interessam ao resto da família, ou de que os outros nada têm que ver com elas (exceto, é claro, no caso de um segredo que nos foi confiado), criamos no interior do lar zonas proibidas onde o individualismo vai minando aos poucos os laços da comunidade familiar.

Hoje, parece-nos mais simples não dizer tudo; amanhã, será muito mais simples não dizer nada, e assim acabamos vivendo como estranhos sob o mesmo teto. Pode estar perto a hora em que este silêncio favoreça a dissimulação de sentimentos e de ações que já não são completamente inocentes. Insensivelmente, teremos transposto as fronteiras da verdade e entrado na mentira.

Veremos no próximo capítulo que a caridade impõe limites à sinceridade. Mas se é correto calar determinadas coisas diante daqueles a quem amamos – precisamente porque os amamos –, pela mesma razão é necessário abrir-lhes habitualmente de par em par o santuário dos nossos pensamentos e da nossa consciência. É necessário tornarmos comuns as nossas experiências, as nossas reflexões e os nossos desejos; é necessário confiarmos uns nos outros. Quando um cristão afirma ou nega, que ninguém possa contestar a sua palavra: será *sim* quando disser sim, e *não* quando disser não.

A PEQUENA VIRTUDE
DA DISCRIÇÃO

Ao dever da sinceridade, o leitor terá acrescentado a necessária ressalva: a de que «nem toda a verdade deve ser dita». Concordo inteiramente com esta reserva, desde que se trate do bem da pessoa a quem falamos: neste caso, a caridade é um limite legítimo.

Mas quando a verdade só pode trazer desgostos para aquele que a diz, isso não é razão suficiente para calar-se; é perfeitamente possível que uma verdade deva ser dita, mesmo que nos prejudique.

Uma coisa é certa: não se deve falar sem discernimento; e precisamente a arte de *discernir* o que se deve dizer em cada caso, bem como a maneira de dizê-lo, é o objeto da virtude da discrição, uma virtude «pequena», mas que contribui poderosamente para a paz do lar.

A virtude da discrição consiste, em primeiro lugar,

em não querer saber tudo; e, depois, em saber não dizer tudo.

Abaixo os indiscretos, os que procuram informar-se de tudo junto de todos, os que fazem perguntas à queima-roupa sobre assuntos que não lhes dizem respeito. É evidente que não temos nenhuma obrigação de dizer a verdade àqueles que não têm direito a sabê-la, ou que, além disso, poderiam fazer mau uso da resposta que nos arrancassem. O perguntador intempestivo não tem de que se queixar se fugimos às suas abordagens, polida ou... bruscamente. Todas as famílias têm a sua história, seus projetos, seus segredos, que podem preservar da curiosidade desse gênero de assaltantes que são os indiscretos.

Mas vejamos um caso mais delicado: pode haver segredos entre as pessoas de uma mesma família? Respondo que cada um está obrigado a respeitar a vida pessoal dos outros e a não tentar forçar a passagem.

Isto é óbvio quando o pai de família é médico ou advogado, pois neste caso está rigorosamente sujeito ao segredo profissional, que ninguém deve tentar descobrir. Da mesma forma, uma esposa, por mais que ame o marido, não tem o direito, de lhe revelar a confidência de uma amiga que a procurou para aconselhar-se sobre um assunto muito íntimo. Assim como não podemos gastar determinada quantia de dinheiro que tenhamos recebido em depósito, também não nos pertence o segredo que nos foi confiado; é propriedade de quem no-lo contou, e não temos o direito de divulgá-lo. Os pais podem ter segredos para com os filhos, mesmo crescidos; mas também pode acontecer o inverso, e isto exige muita sensibilidade por parte dos pais.

Nas horas críticas que os adolescentes atravessam com frequência, dificilmente os filhos encontrarão confidentes mais atentos e mais dispostos a ajudar do que o pai ou a mãe. Mas só haverá confiança por parte deles se os pais não os submeterem a um interrogatório muito cerrado, nem se queixarem amargamente dos prolongados silêncios do filho que cresce. A este, eu diria: «Vamos lá, anime-se um pouco e faça um esforço para tomar parte nas conversas à mesa». E aos pais aconselharia: «O vosso filho está tristonho e pouco à vontade; e a vossa intuição não vos engana: deve ter um segredo. Que o vosso afeto seja ao mesmo tempo vigilante e paciente. Uma pergunta muito direta o aprisionaria na sua mudez. Esperai. Uma palavra o trairá. E então não lho façais notar imediatamente. Quando estiverdes a sós com ele, perguntai-lhe com delicadeza o que significava essa palavra. O desabafo virá por si».

O melhor método é sermos nós mesmos abertos e confiantes, escutarmos sempre os outros – sim, é preciso esforçar-se por escutá-los –, mas também respeitar-lhes o silêncio. A confiança dos outros vem na medida da nossa discrição.

Será necessário acrescentar que, se não se pode forçar uma confidência, pela mesma razão é um dever de justiça guardá-la com todo o escrúpulo? Isto nos conduz ao segundo aspecto da virtude da discrição: não dizermos impensadamente tudo o que sabemos. Também neste aspecto a vida diária nos oferece inúmeras ocasiões de praticarmos essa virtude.

Os antigos fizeram da discrição uma deusa, representada por uma estátua de lábios selados, que colocavam no templo da alegria. Isto é muito instrutivo, pois a discrição traz consigo a sua própria recompensa. «Em boca fechada não entra mosca», diz um provérbio; e ao contrário, ordinariamente só temos motivos para alegrar-nos se falamos com sobriedade. O Apóstolo São Tiago afirma que o homem capaz de dominar a sua língua é um homem perfeito (cf. Tg 3, 3-10), mas considera ao mesmo tempo que esse autodomínio não é coisa comum. Essa era também a opinião do monge que escreveu a *Imitação de Cristo:* «Mais de uma vez me arrependi de não ter guardado silêncio».

Não há dúvida de que deve haver um certo «à vontade» nas conversas em família; deve-se poder dizer livremente o que se pensa. Mas isso não nos dispensa de refletir antes de falar. Por outro lado, mesmo em família, é agradável aos outros que não fiquemos o tempo todo falando sem parar. Já é causa de satisfação o prazer de ver toda a família reunida, enquanto cada um prossegue a sua ocupação pessoal, este a sua leitura, aquele os seus estudos, etc. Conviver, descansar e trabalhar juntos já é uma das alegrias da amizade, muito mais palpável quando não é perturbada por falatórios sem interesse.

Mas o mais frequente, principalmente nas reuniões de família, é que se converse. E há aqui uma primeira precaução a ser tomada: evitar repetir tudo o que se ouviu lá fora, sem antes ponderá-lo pessoalmente. É natural que, quanto mais inesperada, interessante ou engraçada for a notícia que se ouviu, maior seja a pressa e maior o prazer em contá-la. Mas tenhamos cuidado com a reputação do próximo: não formemos as nossas opiniões apressadamente.

É que «onde há fumaça, há fogo», dirão alguns. Não estejamos tão certos disso. Normalmente, há nos fofoqueiros mais fumaça do que fogo.

«É só uma brincadeira!», dirão outros. Mas será essa a opinião daqueles à custa de quem nos estamos divertindo? O ferrão de um mosquito não é mais espesso que um cabelo; mas a sua picada nada tem de agradável. E será que nos sentiríamos felizes se os outros fizessem o mesmo *conosco?*

A discrição obriga a discernir o verdadeiro do falso na história que nos contaram; se estamos em dúvida, é melhor não a repetir; é preferível renunciar a divertir alguns à custa da verdade e à custa dos outros. Mesmo que os fatos a respeito dos outros sejam exatos, mesmo que sejam um «segredo público», não devemos dar publicidade a um erro. A teologia católica formulou a respeito da maledicência uma regra de profunda sabedoria: «Não se tem o direito de falar das faltas e dos defeitos do próximo a não ser quando há esse dever». Sim, deve-se pôr de sobreaviso os outros quanto à influência nociva ou às más ações de um terceiro. Digamos então o que conhecemos com certeza, mas digamo-lo em tom sério, sem malícia, unicamente no interesse daqueles que temos o dever de proteger.

Finalmente, a virtude da discrição obriga-nos a não dizer aos outros algo que os mortificaria *inutilmente.* Prestemos atenção ao advérbio. Os pais devem repreender o filho que errou; os irmãos e irmãs podem apontar uns aos outros os respectivos defeitos: isso faz parte da educação. Se a advertência é feita em público, deve ser breve; passa-se logo para outro assunto. Mas a reprimenda será mais eficaz e menos humilhante se for feita em particular. É o próprio Jesus que nos dá o conselho: *Se teu irmão cometer alguma falta, vai e repreende-o a sós* (cf. Mt 18, 15).

Fora destes casos necessários de correção fraterna, cuidemos de não ferir ninguém que nos ame, mesmo que ocasionalmente nos impaciente ou contrarie. Queres dizer-lhe quatro verdades? Por que hão de ser quatro? Não sei do que se trata, mas só por essa frase percebo que estás encolerizado. Se queres dizer-lhe umas verdades, começa por reconhecer todas as suas qualidades; depois passarás ao capítulo dos defeitos. E neste meio tempo a tua indignação se terá esfumado, saberás repreender com delicadeza e conseguirás melhores resultados.

Não, não vos mortifiqueis mutuamente nesse lar onde tendes tantos motivos para ser compreensivos uns com os outros. Certamente brincais entre vós. Mas só se brinca com aqueles a quem se ama: aprendei a conduzir amavelmente as vossas brincadeiras. As melhores brincadeiras são as mais curtas: não insistais nesse pequeno defeito, naquela pequena falta. A vítima deve ser a primeira a rir-se do vosso comentário. Mas parai assim que o riso comece a ficar amarelo. Suavizai essa pequena alfinetada com uma boa demonstração de carinho. Mas nunca – ouvi-me bem: *nunca* – useis de ironia, principalmente os mais velhos com os mais novos. A ironia sempre fere, e as suas feridas são profundas.

E agora vem a pergunta: «A prima Berta parece que sente uma necessidade irreprimível de cantar, e a coitada canta muito mal. Devo dizer-lhe que canta bem?» Não, certamente; mas como ela pôs toda a sua alma em cantar, deves dizer-lhe que a canção é muito bonita. Assim não mentirás, e também não a entristecerás. E, no fim das contas, a sua inocente mania vos terá divertido um pouco. E desse modo todo o mundo estará contente.

Todo o mundo? Bem sabemos que o mundo se divide em duas categorias. Ao lado dos que procuram mortificar os outros, há aqueles que, bem mais numerosos, se esforçam por causar-nos alegria. A vossa escolha foi feita há muito tempo: estais todos entre estes últimos. É o que vos ajudará a discernir, com a discrição necessária, os casos de consciência que vos apontei, respeitando tanto a verdade quanto a caridade.

A PEQUENA VIRTUDE
DA ESPERANÇA

Aqui em baixo, tudo termina; e, no entanto, nada termina, tudo recomeça. Ao finalizar o ano, fazemos por dentro as contas das alegrias e das tristezas que nos trouxeram esses trezentos e sessenta e cinco dias. Os dias bons passaram, e os maus também jamais voltarão. Talvez a lembrança de um luto nos aperte o coração; o rosto da pessoa amada, é bem verdade, não o veremos de novo. Melancolia dos dias que se vão e não voltam mais.

Mas já no dia seguinte a casa se enche da algazarra das crianças, que vos desejam os votos tradicionais: «Feliz Ano Novo»! Depois de vos terem beijado, os mais pequenos não perdem um só gesto das vossas mãos, dessas mãos que de repente podem tirar, de algum esconderijo, maravilhosos presentes. E essa alegria dos pequenos acende em vós algo de muito mais maravilhoso, posto por Deus no coração dos homens: a pequena virtude da esperança.

Talvez achemos estranho chamar à esperança «pequena virtude», pois é nada menos que a segunda das três virtudes teologais! E temos razão, porque a esperança é, com efeito, uma virtude muito grande, pois o seu objeto é o próprio Deus possuído no céu; e para não duvidarmos de tal felicidade, nós que vivemos na obscuridade, rodeados de dificuldades e de sofrimento, devemos fazer um ato de fé total na bondade de Deus, e amá-lo com um amor semelhante ao seu, um amor que se dá antes de ter recebido.

Mas esse rico lingote da esperança sobrenatural vai sendo cunhado ao longo da vida em inúmeros atos de confiança em Deus, que nos permitem falar, com Péguy, da «pequena esperança» cotidiana, «aquela que todas as manhãs nos diz: *bom dia*». É esta esperança que eu desejaria ver brilhar em todos os lares, a cada ano novo.

Na linguagem cristã, esperar não é prever, ao contrário do que muitos imaginam; para estes, «esperar» consiste em perscrutar o futuro, em sopesar as probabilidades para estabelecer prognósticos; depois disso, concluem: «Estou com muitas esperanças» ou, ao contrário, «não tenho grande esperança», o que significa, na realidade: «acho que tenho ou não tenho muitas possibilidades de êxito». Será que vos surpreenderei se disser que esse tipo de cálculos nada tem que ver com a esperança cristã?

É verdade que a esperança olha para o futuro, mas cabe toda inteira no presente. Esperar não é ter a certeza do amanhã, mas é ter confiança hoje; e confiança não em acontecimentos imprevisíveis, mas em Deus que dirige esses acontecimentos e que nos ama.

Deixai aos pagãos – dizia Jesus – o tormento de quererem saber se terão com que comer ou com que se vestir amanhã (cf. Mt 6, 31-32). Por mais que batam com a cabeça na parede, as suas preocupações não lhes encompridarão a vida um só minuto. Deus não vos teria chamado à vida se não tivesse providenciado os meios para a vossa subsistência.

Na terra, há o suficiente para alimentar e vestir todos os homens. Basta que todos sejam fiéis aos mandamentos divinos e pratiquem a justiça, e ninguém aqui em baixo ficará sem o necessário. E no que vos diz respeito, cumpri conscienciosamente o vosso dever, entregai-vos às vossas tarefas com galhardia e tende confiança no vosso Pai dos céus, que conhece as vossas necessidades (cf. Mt 6, 32-34). E Jesus nos traça a regra de conduta numa fórmula proverbial: *Não vos preocupeis com o dia de amanhã, porque o dia de amanhã cuidará de si mesmo. Basta a cada dia o seu próprio cuidado* (Mt 6, 34).

Esta é a esperança segundo o Evangelho: não se baseia na impossível segurança do amanhã, mas nos dá a paz na insegurança de cada dia. Nós esperamos hoje, sem nada saber do que nos está reservado para o dia de amanhã; a nossa segurança baseia-se na certeza de que Deus nos ama; é nEle que nós esperamos.

Um medo instintivo nos leva a interrogar o futuro,

>«espectro sempre mascarado,
>que nos segue passo a passo,
>e que chamamos amanhã»,

como diz o poeta.

>«Oh! amanhã, que grande coisa!
>De que estará feito o amanhã?...
>Amanhã é o raio na escuridão,
>é a nuvem sobre as estrelas...»

Não pensamos nós coisas parecidas? E, no entanto, aqui Victor Hugo se engana. A grande coisa não é o amanhã. Hoje é a grande coisa. Hoje podemos conjurar os males de amanhã que resultariam das nossas imprudências; amanhã, será tarde demais. Hoje podemos medir as consequências dos nossos atos; amanhã, só as poderemos sofrer.

Basta a cada dia o seu cuidado. A esperança cristã, obrigando-nos a viver unicamente o dia de hoje, poupa-nos as decepções e os desânimos. Fazer castelos no ar é a maneira mais segura de acabar dormindo ao relento; e, inversamente, o medo de perder o teto paralisa os nossos esforços. Não nos embriaguemos com amanhãs fantásticos, nem nos inquietemos com amanhãs trágicos; cumpramos tranquilamente o nosso dever de hoje, que conhecemos, e saberemos cumprir o de amanhã, que ignoramos.

Basta a cada dia o seu cuidado. Como Deus é bom por ter-nos escondido o futuro! Se conhecêssemos as penas que nos esperam nos dias que virão, seu peso nos assustaria e esmagaria hoje. Basta-nos carregar o fardo de hoje, que foi feito à medida dos nossos ombros. O amanhã cuidará de si mesmo. Deus nos dará amanhã forças novas para enfrentarmos as novas dificuldades que hoje ignoramos.

Então Deus proíbe-nos de preparar esses amanhãs desconhecidos? De maneira nenhuma, pois os que não enxergam além do dia de hoje correm para a ruína. O Senhor nos proíbe apenas que nos *inquietemos* com o amanhã. A imprevidência é uma falta porque sacrifica o futuro ao presente; mas a inquietação não é um erro menos grave, pois sacrifica o presente ao futuro.

A inquietação é sempre prejudicial e geralmente ilusória. Quando nos prevenimos contra todos os males que julgamos possíveis, ou não acontece nada – e ficamos com as despesas por nossa conta –, ou acontece outra coisa que não prevíamos. Este aperta o cinto durante anos para não passar necessidade na velhice, e vem a inflação, que não lhe deixa senão uns papéis sem valor; aquele põe-se em guarda contra todas as doenças futuras, e, de tanto medo que tem aos micróbios e ao sereno, não desfruta a sua saúde atual. «Os covardes – dizia Shakespeare – morrem muitas vezes antes de morrer».

A inquietação é desmoralizante: não afasta os males que se temem, mas antecipa-os; aumenta as dificuldades; destrói o amor ao risco, sem o qual o homem perde toda a coragem. Lembremo-nos destas linhas tão simples e tão verdadeiras de Péguy: «Eu não gosto – diz Deus – daquele que especula com o amanhã. Não gosto daquele que sabe melhor do que eu o que farei amanhã. Pensai no amanhã; mas não vos digo: calculai esse amanhã. Não sejais como o infeliz que dá voltas e se consome na cama para saber o que será o dia de amanhã. Sabei unicamente que esse amanhã de que sempre se fala é o dia que vai seguir-se a este, e que estará sob o meu comando como todos os outros».

Cultivemos no lar a pequena virtude da esperança, que elevará o nosso olhar para Deus e nos tornará capazes de todas as coragens, pois nos livrará de todos os receios. A este preço posso desejar a todos, sem enganar ninguém, um feliz Ano Novo.

Sim, feliz Ano Novo, porque Deus é bom e cuidará de nós. Feliz Ano Novo porque, vivendo apenas o dia de hoje, sem perdermos uma única ocasião de fazer o bem, experimentaremos e espalharemos felicidade. Feliz Ano Novo porque, ao invés de nos inquietarmos sem razão, apreciaremos todas as horas de paz que Deus nos concederá. Feliz Ano Novo, mesmo que surjam contrariedades inesperadas, pois as horas duras robustecerão o nosso caráter, e porque Deus não permitirá que se perca uma só gota do nosso suor, uma só gota das nossas lágrimas.

A PEQUENA VIRTUDE
DO BOM HUMOR

Quando jejuardes, não tomeis um ar triste (Mt 6, 16), diz Jesus.

Certamente o Senhor conhecia por experiência as durezas da vida. Ele não ignorava que o coração dos homens às vezes se encontra triturado pelas provações; e diante do túmulo de seu amigo Lázaro, compartilha de tal modo a tristeza das irmãs do defunto que não consegue reter as lágrimas. Mas existem dores inevitáveis em quantidade suficiente para não nos entristecermos por bobagens. Assim, quando não há um motivo sério para a tristeza, Jesus nos proíbe que nos entreguemos ao abatimento: *Não tomeis um ar triste*.

Já reparamos que o vocabulário dos defeitos é muito mais extenso e variado que o das virtudes? Ouvimos falar de pessoas lúgubres, enfadonhas, taciturnas; ou então desabridas, resmungonas, ásperas; uns são caprichosos, lunáticos, acrimoniosos; outros têm um ar carrancudo, vincos de amargura no canto dos lábios e a boca cheia de palavras azedas; são uns desmancha-prazeres. Em contrapartida, o dicionário só nos fornece um reduzido número de virtudes que possamos contrapor a tantas más disposições.

No entanto, todos esses tristes companheiros que acabo de assinalar têm um denominador comum: correspondem a pessoas mal-humoradas, quando não de um humor massacrante. Será este o nosso ponto de partida para refletirmos sobre a pequena virtude do bom humor, que é a guardiã da alegria e da esperança no lar.

Algum desses tristonhos quererá apanhar-me em falso: «O nosso bom ou mau humor – objetar-me-á –, não depende de nós. Não se diz de uma pessoa desagradável que se levantou com o pé esquerdo? E isso não mostra que não há nas suas disposições nenhuma má intenção? Numa manhã de sol estamos naturalmente alegres, um dia nublado nos torna sombrios. Este é alegre porque possui um estômago complacente; aquele, que tem uma digestão difícil, encontra em tudo motivos para se queixar».

É verdade que os fatores externos podem modificar o aspecto do nosso caráter. Daqui se pode até concluir que, na presença de alguém que esteja de mau humor, é um ato de caridade conceder-lhe o benefício dessas circunstâncias atenuantes. Não lhe levemos a mal a sua brusquidão, pois pode estar doente ou apenas cansado; ou podem os seus negócios correr mal, ou ainda, o que seria pior, pode estar passando por um sofrimento moral que seria cruel agravarmos com as nossas censuras.

Quanto a nós, sempre que nos sintamos irritados, esforcemo-nos por recuperar a serenidade; raras vezes é impossível reagir contra as causas externas do mau humor. Podemos cantar quando chove, podemos dominar o cansaço ou permitir-nos algum repouso, podemos esconder as nossas preocupações para não contristar os outros. Mas neste ponto é importante não nos enganarmos: só se consegue reconquistar e conservar o equilíbrio moral à custa de um esforço enérgico. E é precisamente por ser uma conquista da vontade que a igualdade de humor merece ser chamada virtude.

O nosso estado de ânimo não é simples reflexo de um céu claro ou nublado; é também o reflexo da nossa alma, com seus altos e baixos, seus entusiasmos e desânimos, e uns e outros podem ser contidos e corrigidos. «O tempo pouco tem que ver com o meu humor – escrevia Pascal –; trago os meus nevoeiros e o meu bom tempo dentro de mim».

Sim, as nossas disposições pessoais são como vidros coloridos, através dos quais vemos a vida cor-de-rosa ou cinzenta. Hoje manifestamos uma alegria exuberante, que nos torna surdos aos problemas dos outros, ou um otimismo irrefletido, que nos esconde os obstáculos com que iremos tropeçar; amanhã, o entusiasmo terá sido substituído pelo decaimento, já não teremos gosto por nada, agigantaremos as dificuldades, seremos um peso para os outros: impacientes, suscetíveis, insuportáveis.

Tiremos esses óculos que nos desorientam. A vida tem alternadamente momentos cinzentos e momentos cor-de-rosa; tomemo-la como é. Olhemo-la com os nossos olhos, com olhos de cristãos.

Façamos um ato de fé em Deus, que nos ama e que não nos deixa ser tentados acima das nossas forças; e também um ato de fé em nós mesmos. Acreditemos na utilidade das nossas ações, na nossa capacidade de cumprir bem os nossos deveres, e sobretudo na nossa missão de serviço aos nossos iguais. Então, sim, teremos esse bom humor que depende em grande medida da nossa vontade.

O bom humor jorra de uma consciência pura e de um coração generoso. Resta desenvolvê-lo com a ajuda de um duplo exercício: habituarmo-nos a ver o *lado bom das coisas* e o *lado bom das pessoas*.

«Está nas vossas mãos ver numa poça de água a lama do fundo ou a imagem do céu lá no alto». Esta frase de Ruskin traduz uma verdade esmagadora de aplicação universal.

O mal e o bem andam misturados por toda a parte. Não se trata de sermos ingênuos e de nos sujarmos de lama por fecharmos os olhos ao mal, mas de começarmos por considerar o bem, o sol que brinca na água perigosa, e assim contornarmos a poça. Não nos deixemos hipnotizar pelas dificuldades: antes de mais nada, procuremos bem, e certamente acharemos a maneira de vencê-las. Se algum acontecimento nos contraria, por acaso mudaremos as coisas maltratando os que nos rodeiam, como se devessem ser punidos pela nossa decepção? Acontece-nos algo de desagradável? Poderia ser pior... Dão-nos às vezes uma grande lição de fortaleza essas pessoas duramente experimentadas pela vida, de quem nos compadecemos de todo o coração, mas que nos dizem com toda a simplicidade: «Há quem sofra mais do que eu!»

Instintivamente, tendemos a levar para a tragédia as contrariedades que nos atingem e a não dar importância às que atingem os outros. O cristão deve fazer exatamente o contrário: compartilhar sinceramente as aflições dos outros e suportar valentemente os seus próprios desgostos. Os nossos projetos malograram? Oponhamos um sorriso a essa infelicidade. Quem sabe se esse insucesso não poderá favorecer-nos mais do que se tudo tivesse corrido bem? Todas as coisas têm os seus inconvenientes e os seus lados bons: olhemos primeiro os lados bons, e venceremos mais facilmente os inconvenientes.

Adotemos a mesma tática com os nossos semelhantes: aproximemo-nos deles pelo lado bom. Todos têm os seus defeitos – como nós, aliás –, mas todos têm as suas qualidades. Por acaso podemos corrigir-lhes os defeitos falando-lhes num tom agressivo? Não é melhor tirar partido das qualidades que manifestam e suportar-lhes os defeitos, pensando nestes o menos possível? Quando tivermos obrigação de corrigir alguém, não nos limitemos a ressaltar-lhe os erros ou as faltas; é necessário louvá-lo pelas coisas que fez bem, e assim acabaremos por encorajá-lo. Podem-se fazer muitas observações com bonomia e até em tom de brincadeira: são estas as que dão melhor resultado.

No entanto, o bom humor não deve ser confundido com a mania de gracejar por qualquer coisa. Mais do que numa gargalhada estrondosa, muitas vezes forçada, o bom humor revela-se no sorriso, num rosto sempre risonho, e é isso que o torna agradável e benfazejo.

O bom humor é como a canção na estrada, que faz esquecer o cansaço, quebra a monotonia e levanta o ânimo; na estrada e também em casa. «O servo de Deus – dizia São Felipe Néri – deve estar sempre de bom humor». E acrescentava: «Fora da minha casa a tristeza e a melancolia».

E se alguém me diz: «Isso é muito fácil de dizer quando não se têm preocupações», respondo-lhe: «É *necessário* dizê-lo *para* afastar as preocupações».

Há virtudes que só dão fruto a longo prazo, e há outras que têm a sua recompensa imediatamente; este é o caso da pequena virtude do bom humor.

A PEQUENA VIRTUDE
DA BENEVOLÊNCIA

    Víamos atrás que um dos segredos do bom humor é olharmos o lado bom das pessoas que a vida pôs ao nosso lado. Ora, o hábito de não ver senão o lado luminoso das almas, de procurar nelas tudo que é belo, leva-nos a praticar uma outra virtude: a pequena virtude da benevolência que, como a da alegria, é um sinal de força moral e condição de felicidade.
    Entendamo-nos: não tenho a intenção de fazer «chover no molhado»; não me passa sequer pela cabeça que, no interior de uma família (com raríssimas exceções), não se tenham senão bons sentimentos mútuos. Falo, sim, da benevolência para com aqueles que não habitam sob o mesmo teto. Para resumi-lo numa palavra, diria que lares agradáveis, lares felizes, lares verdadeiramente cristãos são aqueles em que não se fala mal dos ausentes e em que todos podem ter a certeza de ser bem acolhidos.

A benevolência consiste, antes de mais nada, em fazermos dos outros somente juízos repletos de caridade, não lhes diminuindo os méritos, alegrando-nos sinceramente com as suas virtudes e os seus êxitos, mesmo quando têm êxito nas coisas em que nós fracassamos. A benevolência leva-nos a formar *antecipadamente* um juízo favorável dos outros.

Não temos observado nas pessoas essa tendência instintiva a pensar mal mais facilmente do que a pensar bem? Se alguém é acusado de uma falta, começam por pensar que é culpado, e só depois reconhecem que se enganaram ou que foram enganados. O homem benevolente, pelo contrário, começa por recusar-se a acreditar na culpa seja de quem for, enquanto não tiver provas certas; e depois, se tem a certeza de que este ou aquele realmente cometeu um ato repreensível, faz o propósito de não comentar o assunto, a não ser para encontrar-lhe uma desculpa ou uma circunstância atenuante. *Não condeneis e não sereis condenados*, dizia Cristo (Lc 6, 37). Quando interpretamos favoravelmente a conduta dos outros, corremos certamente o risco de enganar-nos, mas, se os julgamos severamente, o nosso juízo estará com certeza deformado pelo erro.

Donde vem a malevolência? Talvez do orgulho que, ao rebaixar os outros, nos dá a ilusão de lhes sermos superiores; ou também de uma oculta inveja: não suportamos que os outros tenham qualidades ou vantagens que nós não temos, e agrada-nos encontrar neles algum defeito ou apanhá-los em falta. É curioso observar como, muitas vezes, são os mais bem dotados os que invejam os menos favorecidos; como diz um provérbio persa, «o sol tem inveja da lua que nasce».

Devemos estar vigilantes, porque precisamente os menos precavidos são os mais vulneráveis aos sentimentos mais baixos; para evitá-los, é necessário cuidar constantemente de não consentir neles. É o que ocorre com esse olhar malévolo que lançamos sobre os nossos irmãos e que em latim se chama *invidia,* donde veio a nossa palavra inveja. O pintor Giotto representou a inveja, numa igreja de Pádua, como uma mulher com as orelhas desmesuradamente aumentadas, de tanto escutar avidamente o mal, e com os olhos mordidos por uma serpente; e essa serpente não a ataca de fora, mas sai-lhe da boca. O veneno que obscurece e perverte a visão do malévolo é distilado pelo seu próprio coração.

Cristãos, livremo-nos dessa doença da maledicência, e, para isso, imponhamo-nos a regra de admirar a bondade e a beleza onde quer que as encontremos. Em vez de carregarmos nos outros a sombra que obscurece o brilho de suas qualidades, lembremo-nos de que não haveria sombra se não houvesse sol, e obstinemo-nos em considerar o que os outros têm de bom e o bem que fazem. Sejamos os primeiros a louvar-lhes as qualidades e as ações em que nos ultrapassam.

É necessário distinguir entre *espírito crítico* e *espírito de crítica.* O primeiro é louvável: é por ele que distinguimos o verdadeiro do falso, o justo do injusto, o bem do mal; protege-nos dos impulsos temerários, dos entusiasmos ingênuos e das condenações prematuras. O resto é espírito de crítica, essa mania de só ver e só andar farejando o mal. Que triste caráter o daquele que não é capaz de admirar com simplicidade o que merece elogios!

Saber admirar é próprio dos homens inteligentes e valorosos. Assim como o maldizente se intoxica com a amargura que distila, o benevolente se enriquece com todas as belezas que admira. E, ao admirá-las, cresce, respira uma atmosfera de entusiasmo e de respeito. Inconscientemente eleva-se até Deus, princípio de toda a grandeza e de toda a beleza. Não é verdade que a atitude de admiração nos transmite paz e força precisamente por ser uma forma de oração?

É por isso que nos agrada tanto a casa em que, ao redor da mesa familiar, nunca se enxovalha a reputação do próximo. Por isso a chamamos casa de Deus; e também porque nela sempre se é bem recebido. Este é o segundo aspecto da amável virtude da benevolência.

Dizei-me onde é que está a santidade, se não no cristão que se põe à disposição de todos, sempre pronto para servir. Chegaríamos a pensar que não tem mais nada que fazer: é importunado a toda hora, alguns abusam da sua disponibilidade, mas ele não o deixa transparecer. Por pouco não vos agradece o terdes recorrido à sua ajuda. Não tenho dúvida em afirmar que essa forma de renúncia o eleva, aos olhos de Deus, acima de muitos outros sacrifícios aparentemente mais difíceis.

O cristão benevolente sintoniza imediatamente com as preocupações daqueles que o procuram. Possui a arte maravilhosa de que nos fala São Paulo: a de alegrar-se com os que estão alegres e a de afligir-se pessoalmente com a dor dos que sofrem. Faz-se tudo para todos (Rom 12, 15).

Escutemos com paciência os que se confiam a nós: «Nada agrada mais a um grande falador do que um perfeito ouvinte», dizia São Francisco de Sales. É claro que devemos aproveitar o nosso tempo, e às vezes será necessário abreviar a conversa de quem nos visita; mas nós o faremos com tanta simplicidade e amizade que, apesar disso, a pessoa sentirá que a compreendemos. Ao despedir-se, partirá com outra disposição e com mais coragem.

Fazer-se tudo para todos não significa meter-se em tudo para andar mandando em todos. O benevolente não é um abelhudo que se intromete em todas as coisas. Simplesmente está a serviço de quem quer que precise dele, e esforça-se por ajudar na medida de suas forças.

Em todos os quarteirões há casas em cujas portas jamais se bate em vão: são verdadeiros «postos de socorro». Lá encontramos, se não a ajuda imediata necessária, pelo menos o interesse e a simpatia que nos servem de primeiro reconfortante. Nesses lares, a intimidade familiar não se fecha na estreiteza de um egoísmo coletivo; expande-se na alegria de se poder ser útil aos outros.

Contra os que pensam ser sábios quando se gabam de viver para si mesmos, sem se ocuparem dos outros («como recompensa, só se arranjam aborrecimentos», dirão eles), os lares cristãos não criticam os outros (e, neste sentido, têm razão em não se ocupar deles), mas não mostram desinteresse por ninguém. Nesses lares, a porta, o coração e as mãos estão abertas a todos aqueles a quem possam prestar um serviço. E a recompensa é a alegria de haverem sido benevolentes.

«Seria necessário, escrevia Gratry, que nos preparássemos para a morte, todas as noites, com um ato de amor. Seria necessário imitar a criancinha que, antes de ir para a cama, sob a guarda de Deus e dos anjos, vai beijar não somente o pai, a mãe, os irmãos e as irmãs, mas também os estranhos que estão presentes. Assim também nós, antes de nos entregarmos ao descanso, deveríamos abraçar todos os homens com um ato de caridade! Será uma noite abençoada.»

A PEQUENA VIRTUDE DA ECONOMIA

Temo que o título deste capítulo possa causar estranheza. Como é possível falar de fazer economia nos tempos que correm, quando já custa tanto ter o mínimo necessário para os gastos do mês?

Apresso-me a explicar que não é essa a minha intenção. Não se trata de fazer um pé-de-meia que renda juros numa caderneta de poupança. Aliás, essa medida de prudência dificilmente poderia ser considerada uma virtude. A pequena virtude da economia consiste em esforçar-se por não desperdiçar nada e por utilizar todas as coisas do melhor modo possível. Encarada neste sentido, concordaremos facilmente em que é uma virtude importante e de grande atualidade na vida de um lar cristão.

Devemos acrescentar – e é o argumento de mais peso para abordarmos o tema – que Jesus Cristo em pessoa nos recomendou o espírito de economia. E isto, numa circunstância que conhecemos bem: após a primeira multiplicação dos pães.

Estaremos lembrados de que uma multidão de cinco mil homens tinha escutado os ensinamentos do Senhor durante todo o dia; aproximando-se a noite, o Mestre não quis que regressassem aos seus lares em jejum. Mas não havia nas proximidades uma aldeia onde pudessem comprar pão. Jesus fê-los então sentar em grupos de cem e de cinquenta, e, tomando os cinco pães de cevada que um rapaz lhe trouxera, multiplicou-os com tal abundância que todos tiveram o suficiente para saciar a fome. Mais ainda: descontada a provisão que os convivas mais prudentes certamente teriam feito para o caminho de volta, ainda ficaram espalhadas pelo chão algumas sobras. Facilmente desperdiçamos o pão que não ganhamos com o nosso próprio esforço. E é então que o Salvador, dirigindo-se aos Apóstolos, lhes dá uma ordem que, à primeira vista, contrasta de modo singular com a magnanimidade que acabava de demonstrar: *Recolhei os pedaços que sobraram para que nada se perca* (Jo 5, 5-12). Com efeito, reunidas as sobras, encheram-se doze cestos. O almoço do dia seguinte, em suma. A precaução não tinha sido inútil.

Será preciso dizer que esta lição de economia não nos impressiona menos do que o próprio milagre? Podemos, pois, ser generosos e ao mesmo tempo econômicos. Mais ainda: é necessário que sejamos econômicos para podermos ser generosos. Além disso, Jesus quer mostrar-nos que os dons de Deus, mesmo os mais inesperados, não nos hão de deixar passivos.

Contar com Deus não nos dispensa de contarmos conosco próprios. Recebemos dEle tantos bens: o tempo, a comida, a roupa que vestimos, o dinheiro que nos consegue o que precisamos, e a saúde, a inteligência, a habilidade, a energia... Para o bom rendimento da nossa atividade e para o bem-estar do nosso lar, é necessário que não os desperdicemos, e que utilizemos da melhor maneira possível os recursos de que dispomos, por pequenos que sejam. Este é o objeto da virtude da economia.

A palavra «economia» vem do grego, e significa literalmente *a lei da casa* ou *a ordem na casa*.

Sabemos que uma casa não é um lugar grato se nela não reina a ordem. Parece-nos ouvir a dona da casa, guardiã vigilante do lar, repetir-nos a palavra de Jesus: «Juntai tudo o que sobrou». E o chefe de família acrescenta: «Um lugar para cada coisa e cada coisa no seu lugar». As roupas bem lavadas e cuidadosamente dobradas duram muito mais. Os utensílios bem lavados e guardados depois de terem sido usados estão menos expostos à ferrugem. O tempo gasto em arrumar os objetos de uso pessoal é menor do que o que perdemos tentando saber onde é que se terão escondido.

Numa casa ordenada não há desperdícios; aproveitam-se coisas que em outras casas se jogam no lixo. Uma folha de papel, um pequeno pedaço de pano, um fiozinho de lã ou de linha, ao invés de serem jogados no cesto dos papéis, são guardados numa caixa ou numa gaveta especial, e algum dia nos alegramos de reencontrá-los.

A economia não deve ser confundida com a mesquinhez; pelo contrário, é ela que permite gastar, sempre com medida. Há pessoas que se arruinam com despesas feitas sem motivo algum. Deixam-se tentar por um preço baixo, mas acabam jogando fora o dinheiro porque compram sem necessidade. Alguém me dizia: «Não sou suficientemente rico para comprar numa liquidação».

Por outro lado, comparar preços não é avareza, mas perspicácia para evitar despesas inúteis. Sem dúvida, hoje em dia não é fácil estabelecer um orçamento, mesmo o de uma família. E aqui também não vai a economia fechar impiedosamente a bolsa, mas ordenar sabiamente as despesas, reduzindo o acessório para garantir o principal. Se eu tivesse autoridade nesta matéria, diria ao marido: «Dê sempre a sua mulher um pouco mais do que ela lhe pede»; e à mulher: «Gaste sempre menos do que pensava». Aqui está o elemento que restabelece o equilíbrio e salvaguarda a paz do casal.

«Estamos bem longe da religião», pensará alguém.

De maneira nenhuma. A palavra do Senhor, que

antes citava, bastará para nos convencer de que estamos bem dentro do terreno religioso.

A virtude da economia, com efeito, nos ensina a respeitar a obra de Deus, fazendo-nos reconhecer o preço de todos os bens de que desfrutamos. Quem pode dizer melhor a Deus: *O pão nosso de cada dia nos dai hoje:* aquele que desperdiça ou aquele que não perde uma migalha, pois conhece o seu valor? Lembremo-nos dos traços com que Jesus nos pintava o pecador. Não foi procurar no submundo da sociedade um criminoso sórdido. Representou-o na figura do filho mais novo de um agricultor, que dilapida estupidamente a fortuna adquirida aos poucos por seu pai (cf. Lc 5, 11-32). O pródigo, o esbanjador, ofende a Deus porque despreza o fruto do trabalho humano.

Por que devemos administrar com prudência os bens de que dispomos? Porque não possuímos nenhum deles sem a cooperação dos nossos semelhantes. Fui eu sem dúvida que ganhei o pão que como; mas este pão é também o resultado do trabalho dos outros. Eu o devo ao lavrador que semeou o trigo, aos trabalhadores que o colheram e armazenaram, ao moleiro que o transformou em farinha, e finalmente ao padeiro. Examinemos todos os objetos que utilizamos: cada um deles testemunha a admirável colaboração dos homens, cada um a serviço dos outros. Segue-se daí que não temos o direito de os desperdiçar. Numa página magnífica, em que condena os homens que abusam de suas riquezas, Gratry interrompe-se para refletir sobre o respeito e a estima que se deve ter pelo dinheiro: «Que é afinal o dinheiro – escreve ele – e donde é que vem? O dinheiro é trabalho acumulado, é tempo, é vida humana, é sangue, são suores, são lágrimas. Isso é o que tendes entre as mãos. Não vos assiste o direito de profaná-lo».

Sim, quem gasta a torto e a direito não prejudica somente os seus próprios interesses; prejudica os outros, reduzindo ao nada o que poderia e, portanto, deveria servir a um outro. Se o Evangelho nos aconselha o espírito de economia, é principalmente com o fim de que aumentem os meios de que dispomos para ajudar os menos favorecidos do que nós.

Vista sob este ângulo, a economia já não se apresenta como uma velhinha mirrada e desconfiada, sempre temerosa de que lhe falte alguma coisa, e que acaba por encontrar um vigarista que a deixa sem nada. Pelo contrário, eu vejo a economia como uma pessoa bem vestida e clarividente; ninguém a engana, ninguém como ela para descobrir as boas oportunidades. Arranja-se com o que tem, porque é rica... de todas as necessidades inúteis que não criou para si. Ela vos vê num aperto? Logo vos tirará dele, pois não deixa que nada se perca, e assim sempre tem algo para dar.

Já a tereis reconhecido: ela não está longe de vós. Felicito-vos, pois no vosso lar não faltará nada.

A PEQUENA VIRTUDE
DA PONTUALIDADE

Várias vezes por dia, o rádio nos informa a hora certa com uma pontualidade de segundos. Dizer que uma pessoa é pontual é louvá-la porque está sempre presente na hora marcada. Dizemos que «a pontualidade é a cortesia dos reis».

A pontualidade é uma virtude que se integra na virtude mais ampla da exatidão. A palavra «exato» deriva de um particípio latino que significa *acabado* ou, ainda, *executado* de acordo com um modelo ou uma regra. Falamos de uma reprodução exata ou de um cálculo exato. Um trabalho exato é um trabalho feito com cuidado, assim como um relato exato é uma descrição precisa e objetiva. Esse cuidado e essa precisão caracterizam o homem pontual, que em cada momento faz o que deve. O domínio da pequena virtude da exatidão é, no entanto, tão vasto que aqui me limitarei a considerá-la sob o aspecto da pontualidade, que é, aliás, a sua acepção mais usual.

Como é que a pontualidade não há de ser uma virtude, se o seu contrário, a impontualidade, é um defeito terrível? Basta que se atrase o jantar ou que seja necessário esperar por um retardatário para que a atmosfera do lar se carregue de eletricidade. Pode acontecer-nos, é claro, que uma vez por outra esqueçamos a hora, calculemos mal o nosso tempo ou sejamos retidos por um incidente imprevisto. Uma exceção é tolerável; mas as pessoas que se atrasam habitualmente são verdadeiras calamidades.

Já percebemos o lugar que a pontualidade ocupa nas parábolas do Evangelho? É a história das cinco virgens que chegam atrasadas ao festim das bodas e que encontram a porta impiedosamente fechada (cf. Mt 25, 1-13); ou, no sentido contrário, o elogio dirigido aos servos que esperam a volta do seu senhor para abrir-lhe a porta assim que bater (cf. Lc 12, 35-36).

A impontualidade implica uma falta de caridade e, muitas vezes, de justiça para com o próximo. A criança que não volta para casa à hora combinada causa à mãe uma preocupação que deveria poupar-lhe. Se é inconveniente fazer esperar um superior, fazer esperar um subordinado denota uma sem-cerimônia que sempre magoa. Em qualquer caso, o retardatário faz com que os outros percam um tempo que poderiam ter aproveitado melhor.

Conta-se que o senhor de Aguesseau enganava, à base de escrever, a impaciência que lhe provocavam os atrasos nas refeições; assim chegou a compor uma obra volumosa que, naturalmente, dedicou à esposa: vingança amável e justa. Como nem todos temos essa possibilidade, só nos resta amaldiçoar a desvergonha dos «cronófagos», que devoram o nosso tempo; era neles que pensava um empresário americano quando mandou publicar um anúncio nos jornais, com a intenção de que o lessem os que lhe haviam roubado o tempo: «O Sr. X... perdeu na semana passada duas horas de ouro, cada uma com sessenta minutos de diamante. Não se oferece recompensa, pois nunca serão recuperadas».

A impontualidade encerra uma grande dose de egoísmo, que deveria obrigar-nos a pensar. E já que é para nós tão desagradável ter de esperar, esforcemo-nos por não fazer esperar os outros. Não fazer esperar a mãe ou a esposa, que olha para o relógio, temerosa de que a carne asse demais. Não fazer esperar o cliente, que precisa com urgência da mercadoria que encomendou. Não fazer esperar o fornecedor, que precisa do dinheiro da sua fatura. E, em geral, não fazer esperar um serviço que se prometeu. Diz um provérbio: «Quem dá depressa, dá duas vezes».

Se é verdade que o retardatário prejudica os seus semelhantes, também causa um grande mal a si próprio. Os seus atrasos são a prova de que é incapaz de submeter-se a uma disciplina, seja por ser preguiçoso e perder o tempo, seja por querer fazer mais do que pode.

Com efeito, há dois tipos de pessoas que chegam tarde: os que sempre têm tempo, os «boas-vidas», e os que andam sempre apressados, os «ofegantes». Ora, o tempo é a mais preciosa das riquezas que Deus pôs à nossa disposição, e Ele nos pedirá contas do uso que tivermos feito dele; é necessário, portanto, que não percamos nem um minuto sequer.

Mas Deus também fixou o ritmo do tempo, e devemos respeitar o seu curso. Alguém disse certa vez: «Não tenho tempo para andar apressado». Nada mais correto. Se pretendermos despachar em vinte minutos um trabalho que precisa do dobro, o trabalho sairá às pressas e ficará mal feito; será necessário recomeçá-lo e, por termos querido ganhar tempo, teremos demorado muito mais.

Seremos pontuais se evitarmos esses dois extremos. E em primeiro lugar as perdas de tempo. Já no fim do seu ministério, Cristo fez esta reflexão diante dos seus Apóstolos: *Tenho de realizar as obras daquele que me enviou enquanto é dia. Vem depois a noite, em que já não se pode trabalhar* (Jo 9, 14). Senhor do tempo, Cristo conhecia o valor das horas. Seguindo o seu exemplo, encaremos o tempo com seriedade. É verdade que a nossa vida é curta, mas quantas coisas podem ser feitas no espaço de uma vida humana, se utilizarmos com exatidão os nossos dias! São muitos os que, em vez de começarem imediatamente um trabalho necessário, o deixam para o dia seguinte, dizendo: «Tenho tempo». E quando, depois de alguns dias, ainda não o executaram, alegam como desculpa um perfeito ilogismo: «Não tive tempo».

Todos temos de cumprir um horário de trabalho, que absorve a melhor parte da nossa vida. Mesmo assim, e sem contar os dias de descanso, que somos livres para empregar de uma maneira ou de outra, sempre nos sobra nos dias de semana um pouco de tempo para uso pessoal. Façamos render o tempo que nos pertence. No seu leito de hospital, Jacques d'Arnoux pensava: «A tua vida será curta; deve ser plena», e rezava assim: «Meu Deus, dai-me ódio aos minutos perdidos».

Se não perdermos o tempo, poderemos aprender e fazer muitas coisas, e, simultaneamente, evitaremos a precipitação, esse outro inimigo da pontualidade. Organizemos os nossos dias sem congestioná-los, prevendo até uma parcela para os imprevistos. O progresso nos prega más peças: dividindo o tempo pelo mecanismo preciso dos nossos relógios, que ignoram o estado do céu, chegamos até a não distinguir entre o dia e a noite. O agricultor regula o seu dia pelo sol e conta com as estações, assim como o pescador conta com a lua e com o movimento das marés. Permanecendo em contato com a natureza, obedecem às leis do Criador, e o seu trabalho é mais metódico e a sua vida mais regular; não perdem o tempo, embora façam tudo com vagar.

Saibamos nós, como eles, consultar a natureza e conseguir o tempo necessário para tudo. Temos de estar prontos, sem estar apressados. O excesso de trabalho e a dispersão prejudicam a qualidade da ação. Muitos pensam que trabalham, quando o que fazem é agitar-se; pretendem «acabar com todo o trabalho», mas – triste reviravolta – é o excesso de trabalho que acaba com eles.

Reservemos em cada dia alguns momentos para o descanso; não são minutos perdidos, sobretudo se os dedicarmos a conversar e a distrair-nos em família. Devemos acreditar na força insubstituível do descanso.

Por que há tantos que chegam atrasados? Porque se levantam no último minuto, e depois já não conseguem recuperar o atraso da manhã. E por que se levantam tarde? Porque se deitaram tarde demais.

Gratry escrevia: «Somos estéreis mais por falta de descanso do que por falta de trabalho... O descanso para o corpo é o sono... O descanso para o espírito e para a alma é a oração». O tempo reservado à oração não é tempo perdido. Recupera-se rapidamente. Colocando-nos cada dia na presença de Deus, compreenderemos melhor o valor do tempo e aprenderemos a cumprir as nossas tarefas com pontualidade.

A PEQUENA VIRTUDE
DA DILIGÊNCIA

Conhecemos certamente a parábola do vinhateiro que vai contratando operários a diferentes horas do dia. Já perto do crepúsculo, ainda encontra na praça homens desocupados. *Por que* – pergunta-lhes – *estais aqui o dia todo sem fazer nada?* (Mt 20, 1-16). Esta pergunta reconduz-nos ao tema de que tratávamos no capítulo anterior, e que desejaria completar agora.

Não é necessário enumerar todos os malefícios da ociosidade: este vício não é comum num lar cristão, onde não se permanece inativo enquanto se descansa. O pai sempre tem algo que consertar, a mãe algo que arrumar, e os filhos algo em que ajudar. Esta virtude tradicional nos lares cristãos tem um nome muito pouco usado: é a pequena virtude da diligência.

A palavra poderá fazer rir os vossos filhos.

– A diligência – dirão talvez – era uma carruagem puxada por cavalos, que se usava no faroeste antes de haver automóveis. E às vezes apareciam os índios, que atacavam as diligências...

— Muito bem, meu rapaz, você sabe muito; também deve saber que lhes foi dado esse nome porque iam muito depressa, para a época, evidentemente.

Diligência era então sinônimo de rapidez. Mas este nome curioso tem outros sentidos: significa não apenas prontidão, mas também atenção, atividade alegre; deriva de um verbo latino que significa *amar*.

Disso tudo podemos concluir que a virtude da diligência consiste em amar o trabalho, em executá-lo com empenho, com alegria e da melhor maneira possível. E, para defini-la melhor, recordaremos com gosto uma exclamação que saiu certa vez de cem peitos, referindo-se ao Senhor: *Ele fez bem todas as coisas* (Mc 7, 37). Tomemos o peso a cada uma destas palavras: nelas encontraremos todo um programa de vida.

Fez. Jesus fazia a sua obra. O verbo *fazer* é um dos mais vagos que existem, pois é usado para qualquer coisa; mas, originalmente, tinha um sentido preciso. Fazer é produzir, dar o ser ou dar uma forma ao que já existe. Não ignoramos que Deus pôs Adão no jardim do Paraíso para que cuidasse dele com o seu trabalho (cf. Gen 1, 15). O homem foi criado para trabalhar, e uma das suas maiores alegrias será inventar com a sua inteligência, fabricar com as suas mãos, produzir uma obra na qual encarnará o seu pensamento criador.

Deus nos encarrega de continuar a Criação, que Ele

voluntariamente deixou inacabada. Cabe ao homem embelezar o universo. E o homem não sentirá orgulho maior que o de descobrir uma das leis da natureza, ou o de explorar todas as riquezas do universo, ou o de compor uma obra que lhe sobreviverá e que testemunhará a sua passagem pela terra. Que loucura é perder o tempo, quando o tempo nos foi dado para *fazer* alguma coisa!

Quando os fariseus criticaram Jesus por ter curado um paralítico num sábado, dia que deveria ser consagrado ao descanso, o Salvador respondeu-lhes: *Meu Pai não cessa de trabalhar e eu também trabalho* (Jo 5, 17). Sigamos, como Jesus, o exemplo do Criador. Durante o descanso da noite, o nosso cérebro trabalha, ainda que à nossa revelia; as pausas que nos permitimos durante o dia também não devem ser inatividade. O descanso não é ausência de ação, mas diversão, isto é, mudança de trabalho: uma leitura instrutiva ou amena para aquele cujo corpo está esgotado; o cultivo de um pequeno jardim para o contador fatigado de manejar números; trabalhos de agulha para uma datilografa, e assim por diante. Desta maneira, ao chegar a noite, reunidos sob o mesmo teto, os membros da família se entregam às suas ocupações preferidas, com as quais cada um depois enriquecerá os outros.

Mas o que os contemporâneos do Senhor admiravam na sua atividade é que esta abrangia tudo. *Fez bem todas as coisas*, exclamavam. Jesus não negligenciava nada do que dizia respeito à sua missão. Esforcemo-nos por imitá-lo, sem no entanto querer fazer tudo e sem querer fazê-lo sozinhos. Não o conseguiríamos.

É verdade que os nossos desejos de ação são ilimitados, e nisso estão patentes os indícios da nossa origem e do nosso destino divinos. Gostaríamos de ver tudo, de aprender tudo, de poder exercer todas as profissões. Mas, infelizmente, muitas vidas não bastariam para tanto. É melhor conhecer somente uma ciência, e conhecê-la bem; ter sucesso em uma especialidade, em vez de sermos medíocres em muitas.

O que importa é sermos competentes e doutos em todos os conhecimentos que o nosso estado e a nossa profissão exigem, a fim de cumprirmos bem todos os nossos deveres. Muitas vezes tive a alegria de ouvir mães de família dizerem-me com um legítimo orgulho: «Meu marido sabe fazer de tudo»; e maridos louvarem a sua esposa: «Ela tem mãos de fada». Para merecer esses elogios, é necessário não omitir os trabalhos que nos repugnam, nem inventar deveres adicionais que nos levariam a negligenciar e adiar os nossos deveres reais.

Enfim, cumpramos todas as nossas obrigações da melhor maneira possível, para nos parecermos inteiramente com Jesus, que fez *bem* todas as coisas. «Quebrar o galho» para livrar-se de uma tarefa não é digno de um homem que se preza, pois quando nos apresentam um trabalho pela metade, *nem feito nem por fazer,* temos o direito de pensar que nos estimam pouco. Seja qual for a tarefa que comecemos, é necessário querermos que saia perfeita. Observemos a concentração com que trabalha um operário consciencioso, inclinado sobre o seu torno ou sobre a sua banqueta; observemos o cuidado meticuloso com que um artista corrige as menores imperfeições do objeto a que dá forma: trata-o como se fosse uma coisa viva. Lembremo-nos do conselho dado por Boileau a um escritor:

«Repassa vinte vezes o teu trabalho,
polindo-o e tornando a poli-lo sem cessar».

Lembro-me de um sapateiro que me mostrava um par de sapatos que estava fazendo e me dizia: «O nosso ofício é uma arte». Homens dessa têmpera são criadores.

O verdadeiro trabalhador não se preocupa apenas de terminar a sua tarefa logo que possível; preocupa-se de produzir uma obra que esteja *acabada,* sem defeito, tão perfeita quanto possível. As estátuas que decoram os pórticos das nossas catedrais estão igualmente bem acabadas tanto na parte adossada à parede como na face voltada para o público; os escultores desconhecidos que no-las legaram considerar-se-iam desonrados se mesmo a parte que não se vê não estivesse inteiramente terminada.

Não abandonemos uma tarefa enquanto houver um

só detalhe que retocar. Uma obra bem feita, mesmo a mais modesta, deve ser tratada com a ambição e a delicadeza com que terminaríamos uma obra-prima. Há uma maneira de bordar um tecido, de dispor as flores num vaso, de apresentar uma travessa à mesa; há uma maneira de pendurar um quadro numa parede, ou de arrumar os livros numa estante, que trazem uma verdadeira «assinatura de artista», tanto como qualquer obra de luxo. Podemos estar certos disto: o verdadeiro luxo de uma casa está no cuidado com que todos se esforçam por fazer bem todas as coisas.

Mozart, cuja vida foi simultaneamente tão breve e tão fecunda, compôs o seu célebre *Requiem* nas últimas semanas de vida. No próprio dia da morte, disse à filha: «Minha tarefa está terminada; o *Requiem*, o meu *Requiem* – acrescentou intencionalmente –, está terminado». Depois, estendendo-lhe as últimas páginas que acabava de escrever, pediu-lhe que as tocasse ao cravo. E ao som dos últimos acordes da sua última obra-prima, Mozart morreu, com um sorriso nos lábios. Felizes os que podem aproximar-se do dia do descanso eterno com a consciência de haverem concluído, e concluído bem, a obra da sua vida.

A PEQUENA VIRTUDE
DA PACIÊNCIA

Durante o verão, nas estradas que atravessam as florestas, veem-se muitas vezes cartazes que recomendam aos viajantes que não joguem fora fósforos sem tê-los apagado bem. Com efeito, basta uma chama muito pequena para provocar um grande incêndio. Se queremos poupar o lar das catástrofes causadas por disputas sem fim, é necessário pôr o pé sobre o fósforo aceso; quero dizer com isso que é necessário reprimir imediatamente o movimento de impaciência que nos fará dizer uma palavra infeliz ou ter um gesto descontrolado.

Um ou outro poderá dizer-me que a impaciência se caracteriza justamente por essa falta de reflexão. Uma vez pronunciada a palavra que se deveria calar, é impossível recuperá-la. E vem o troco, em palavras violentas ou injustas. E depois a nossa réplica. E assim os esposos, pais e filhos acabam ferindo-se mutuamente, dizendo uns aos outros coisas desagradáveis que não traduzem os seus verdadeiros pensamentos nem correspondem aos seus verdadeiros sentimentos. Tudo isto por causa de uma breve e ligeira impaciência.

Mas não existe uma pequena virtude, a virtude da paciência, capaz de evitar ou de dominar esse breve acesso de cólera injustificado e inútil? Existe, e é esse o tema deste capítulo. Porque, geralmente, o que vivemos é a grande virtude da paciência, que nos permite suportar a doença, enfrentar os obstáculos, levar a bom termo um trabalho difícil; pomo-la em prática, mesmo que custe esforços duros e prolongados. Mas ficamos alterados por uma simples contrariedade, irritamo-nos com um contratempo, fazemos uma cena por causa de uma palavra menos feliz. É, portanto, nos pequenos incidentes da vida cotidiana que se torna necessário usar de paciência.

Comecemos por repetir aqui o famoso chavão da propaganda comercial: «Não aceite imitações». Há injustiças e abusos contra os quais temos o dever de protestar. Suportá-los não seria uma prova de paciência, mas sinal de apatia, se não de covardia.

Ninguém tem o direito de atentar contra a nossa dignidade. Sabemos muito bem que certos maridos autoritários chegam a converter-se em tiranos inqualificáveis porque a esposa se dobrou insensatamente às suas pretensões menos razoáveis. A esposa teria vencido o despotismo do marido se, à primeira falta de consideração, tivesse tido a firmeza de exigir serenamente o respeito que lhe era devido.

Muitas vezes, é até um dever de caridade não suportar um capricho aparentemente inofensivo, que com o tempo pode gerar defeitos intoleráveis. É o caso de certos maridos excessivamente fracos, que começam por suportar em silêncio os caprichos de uma jovem esposa com tendência para a desordem, e numa segunda fase se mostram ressentidos, e por fim explodem à menor exigência. Quantos pais se arrependem de terem suportado as impertinências de uma criança (o pai dizia: «é esperto como um macaquinho») ou as extravagâncias de um adolescente, a quem a mãe deixava passar tudo para evitar dores de cabeça! E agora o filho mal educado é o desespero dos pais.

Devemos opor-nos ao mal, mesmo que para isso seja necessário esgotar o último sopro de energia. A ira é um pecado quando lhe damos curso sem um motivo razoável, ou quando permitimos que se extravase ou prossiga de maneira desproporcionada; mas há iras – ou, se preferirmos, indignações – legítimas e mesmo necessárias: as que são inspiradas não pelo desejo de impor uma opinião ou interesse pessoal, mas pela obrigação de defender a verdade ou a justiça, de condenar ou de evitar o mal. Jesus não cedeu à impaciência quando expulsou os vendilhões do templo a golpes de chicote; simplesmente quis fazer respeitar os direitos de Deus e proteger os peregrinos da intromissão abusiva dos mercadores.

Qual é então o verdadeiro rosto da paciência, se não consiste em suportar o mal?

A paciência leva-nos a suportar o erro, a contradição, os aborrecimentos e, de maneira geral, todas as contrariedades que nos vêm das pessoas e das coisas. Ser paciente é conservar o domínio de si. As pessoas suscetíveis ou violentas não são capazes disso. A não ser que os seus destemperos e arrebatamentos sejam ocasionados por uma deficiência física, são indício de fraqueza de vontade. A força manifesta-se no autodomínio. Mas o autodomínio não é inato; é preciso aprendê-lo. A paciência adquire-se de duas maneiras: através das convicções e através do exercício.

Em primeiro lugar, as convicções. Uma vez que as nossas impaciências costumam antecipar-se a qualquer reflexão, importa criarmos em nós um estado de espírito que facilite o domínio sobre os nossos primeiros impulsos.

A uma pessoa de fé, eu aconselharia um meio muito eficaz, que consiste em atualizar com frequência o sentido da presença de Deus e a Ele dirigir-se por um movimento interior. Este hábito é excelente em si, pois, por mais breve que seja uma elevação do espírito a Deus, constitui um ato de adoração; por outro lado, situa-nos num clima de serenidade, que amortece o choque inesperado das contrariedades. Em vez de perdermos a paciência por um imprevisto que altera os nossos planos, consideramos todos os acontecimentos como «mestres que Deus nos envia», segundo o conselho de Pascal, e modificamos imediatamente os nossos projetos a fim de enfrentarmos a dificuldade que não esperávamos.

Mas todos podemos ao menos esforçar-nos por pensar nos outros, antes de pensarmos em nós mesmos. Será o modo de vencermos muitos movimentos de impaciência. Devemos dizer: aqueles que eu amo têm manias e defeitos que me desagradam; este repete-me dez vezes a mesma coisa, ou, ao contrário, obriga-me a repetir-lhe a toda a hora as mesmas observações; aquele interrompe-me quando mais preciso de prestar atenção ao meu trabalho. Quem não ficaria fora de si nessas circunstâncias?

Mas aqueles que me cercam têm também as suas preocupações e os seus aborrecimentos, talvez tão graves como os meus. Quem sabe se, quando me interrompem, não têm mais necessidade de mim do que eu teria da minha tranquilidade? Por que vivemos juntos, se não é para nos ajudarmos mutuamente? São Paulo, que louva a caridade em tons do mais elevado lirismo, quando desce aos pormenores, escreve muito simplesmente: *Suportai-vos uns aos outros* (Col 3, 13). Por acaso não sou eu também insuportável de vez em quando? Pois se eu pensasse menos frequentemente em mim mesmo, e mais frequentemente nos outros, não há dúvida de que me mostraria mais paciente.

Temos assim criado o nosso clima espiritual. Trata-se agora de adotar dois exercícios de uso cotidiano. Seremos pacientes se soubermos *calar-nos* e se soubermos *esperar*.

Para aprendermos a calar quando não é hora de falar, precisamos esforçar-nos sempre por não falar antes do tempo. Deixemos os outros exprimirem os seus pensamentos sem interrompê-los: depois, pensemos durante alguns segundos antes de responder-lhes. Este hábito, uma vez adquirido, evitar-nos-á muitas respostas precipitadas. Já que são necessários dois para brigar, a sabedoria está em não sermos o segundo. Não respondamos imediatamente àquele que se impacienta nem àquele que nos impacienta. Uma observação só atinge o seu objetivo, uma explicação só convence, quando os interlocutores não estão irritados. Pode ser que tenhamos o dever de falar ou de justificar-nos, mas esperemos. Um agricultor não semeia o trigo em dia de tempestade. Falaremos esta noite, quando a calma tiver voltado. Deixemos para amanhã o que seria mal feito hoje.

A paciência pede-nos que saibamos esperar. Acostumemo-nos, portanto, a não exigir – nem a dar – satisfação imediata a todos os nossos desejos. Este é outro exercício saudável. Não é verdade, minha senhora, que se tiver o marido ao lado, cheio de pressa para que lhe pregue um botão, não será capaz nem de enfiar a linha na agulha? E acabarão por impacientar-se os dois. Por que é que o filho mais velho solta tantos ais (se é que não são gritos de selvagem) quando se forma um nó no cordão do sapato? Puxa o cordão, e acaba fechando mais o nó; por fim, pega um canivete e corta o nó. Aconselhai-o da próxima vez a tentar soltar o nó enquanto cantarola alguma música alegre, e assim fará uma dupla economia: a do cordão e a da ira.

Para levar a bom termo um trabalho, para esmerar-se na educação dos filhos e nas relações familiares, não basta «saber»; é necessário também – e muito mais – ser paciente. «A paciência é a mãe da ciência».

A PEQUENA VIRTUDE
DA PERSEVERANÇA

Não podemos terminar estas reflexões sobre as pequenas virtudes do lar sem sublinhar um último ponto: para poderem efetivamente contribuir para a felicidade da família, essas virtudes reclamam uma aplicação constante da vontade, além de uma atenção contínua a todo o instante. Todas elas precisam, para chegarem à maturidade, do concurso de uma pequena virtude complementar. Seu nome próprio é constância; ou, na linguagem corrente, perseverança. Mas, deixando de lado a preocupação com as palavras, o importante é que, na luta pelo ideal cristão, se esteja decidido a *querer sempre* e a *recomeçar todos os dias*.

Quando a tenacidade tem por objeto o erro ou o mal, não é senão teimosia, obstinação, obcecação; mas torna-se perseverança quando se propõe alcançar o bem; pelo menos, neste caso, a pessoa desenvolve a mesma energia para triunfar de todos os obstáculos, porque a sua vontade não muda. Na linguagem figurada que lhe era própria, o Senhor impõe a condição de uma vontade imutável a todos os que desejem viver segundo o Evangelho: *Ninguém que ponha a mão no arado e olhe para trás é apto para o reino dos céus* (Lc 9, 62).

Que agricultor se oporia a esta regra? Se deixasse de olhar para a frente, o sulco que abre desviar-se-ia da linha reta. Mas enquanto o lavrador com as mãos no arado não se lembra de olhar para trás, o homem empenhado na obra do seu aperfeiçoamento moral tem a tentação de olhar para trás, a fim de contemplar o caminho percorrido: seja porque se compraz nos primeiros resultados que conseguiu, e os usa como pretexto para parar; seja porque se assusta com a longa distância que ainda lhe resta percorrer, e se arrepende dos esforços anteriores, que não julga suficientemente recompensados.

Nos dois casos, o cristão não deve nunca ceder à fadiga que todos sentem ao esforçar-se por progredir na virtude. Necessita – são palavras de São Francisco de Sales – «de um coração de sete fôlegos».

Aqui tornamos a encontrar a necessidade da paciência de que falávamos nas páginas anteriores. Os grandes planos não se realizam de um dia para o outro. A bem dizer, não se consegue realizar nenhuma obra duradoura sem a ajuda do tempo, que não respeita o que se pretendia fazer sem ele. Não nos deixemos desanimar pela lentidão dos resultados. Não imitemos a criança que, tendo semeado umas sementes num canto do jardim, se impacienta por não ver aparecerem as plantas, e pensa que lhes facilita a passagem afastando a terra com os dedos, quando desse modo as mata, recém-germinadas. Não é no dia seguinte à nossa decisão que nos tornamos virtuosos e muito menos santos. Semelhante empreendimento requer um trabalho ininterrupto de muitos anos. Saibamos esperar.

Mais ainda. Quando nos pomos a seguir Jesus, esse Mestre bom leva-nos mais longe e mais alto do que imaginávamos ao partir. Apesar das etapas já vencidas, bem cedo ficamos com a impressão de estar ainda tão longe do objetivo quanto no princípio. Outro convite ao desalento? Afastemo-lo imediatamente, pois essa tentação deveria, sim, encorajar-nos. Quando descobrimos que a meta da perfeição está mais longe do que supúnhamos, isso é prova de que avançamos. Na realidade, já não nos contentamos com uma virtude medíocre, e isso é sinal evidente de progresso. Pelo simples fato de avançarmos no bem, colocamos o nosso ideal cada vez mais alto. Não é verdade que, quanto mais perto se está do cume, mais íngreme se torna a encosta? Mons. Hulst comparava o progresso nas vias da virtude à escalada de uma montanha: «Aquilo que de longe parecia um maciço único, muito fácil de subir, decompõe-se, à medida que se avança, numa série crescente de elevações e de vales, que é necessário subir e descer com uma fadiga também crescente. Finalmente, acaba-se por atingir o verdadeiro cume».

Uma terceira causa de desânimo procede das faltas em que caímos, apesar das nossas resoluções mais generosas. Pela humilhação que essas derrotas causam ao nosso amor próprio, temos desejos de abandonar tudo. São Francisco de Sales nos aconselha nessas ocasiões a «não nos assustarmos por ver-nos caídos por terra, mas a admirar-nos de ser capazes de permanecer de pé».

Os nossos insucessos podem pelo menos nos fazer progredir na humildade. Esse mesmo Santo repreende amavelmente os cristãos que, desanimando, apenas conseguem multiplicar as suas faltas. «Conheci vários, escrevia ele, que, quando se encolerizavam, voltavam a encolerizar-se por se terem encolerizado... e depois se aborreciam por se terem aborrecido com o aborrecimento. Tudo isto recorda os círculos que se formam na água quando atiramos uma pedra: primeiro forma-se um círculo pequeno, e este forma outro maior, e este, por sua vez, outro ainda maior».

Querer sempre significa querer apesar de tudo. O progresso raramente pode ser representado por uma linha reta sempre ascendente, mas por uma linha sinuosa, com seus altos e baixos, que se eleva imperceptivelmente. A perseverança vence as nossas recaídas, desde que saibamos encontrar de novo a coragem que falhou por um instante. Perseverar não significa não cair nunca, mas levantar-se sempre.

Eis por que se pode propor um segundo conselho: recomeçar todos os dias. Antes reflectíamos sobre as palavras com que Jesus nos aconselha a viver somente o dia de hoje; esse é o meio seguro de não olharmos para trás, e ao mesmo tempo de não nos preocuparmos com as dificuldades que possam aparecer amanhã. Refaçamos todos os dias o propósito de praticar, dentre as pequenas virtudes do lar, aquela que mais nos custe viver.

O filósofo Léon-Ollé Laprune escrevia: «A criança que todas as noites quer ficar um pouco mais alta do que estava de manhã, em breve será um homem». Nós, adultos, podemos fazer uma experiência análoga. Se pusermos como meta para cada dia um esforço novo, progrediremos sem ter consciência disso. Em cada dia poderemos ser um pouco melhores, e é nesse pouco de cada dia que reside o nosso progresso. Para chegarmos ao nosso destino, um passo após o outro vale mais do que grandes pernadas que nos cansam e nos forçam a sentar. Lembremo-nos da fábula da lebre e da tartaruga.

Mas o cristão possui um último motivo para perseverar, que é simultaneamente o segredo último dessa virtude. Quem é que, afinal de contas, põe em nós esses desejos de sermos bons e de nos tornarmos melhores, quando no fundo seria tão agradável desleixar-nos em vez de vigiar e de fazer esforço? Não é o Senhor que nos diz interiormente: *Segue-me*? (Mt 8, 22). E nós não podemos ficar surdos a esse apelo, porque o amamos. Ora, São Paulo diz que *Deus opera em nós o querer e o agir* (Fil 2, 13). Deus, autor de todos os nossos desejos de bem, não no-los inspiraria se não fôssemos capazes de realizá-los, e se a sua graça não nos ajudasse a conseguir aquilo que normalmente ultrapassa as nossas forças. Deus pode fazer em nós, dizia ainda São Paulo, *infinitamente mais do que possamos pedir ou imaginar* (Ef 3, 20).

Recomecemos todos os dias, de olhos postos em Cristo, nosso modelo e nossa ajuda, que recompensará todo *aquele que tiver perseverado até o fim* (Mt 24, 13). Que diz Ele aos servos bons da parábola? *Muito bem, servo bom e fiel* (Mt 25, 21). Mas conseguiram eles realizar grandes feitos? Parece que não, porque o Senhor diz a cada um: *Foste fiel no pouco*. Não se estará referindo aos que se exercitaram nas pequenas virtudes do lar, à custa de pequenos esforços e ao preço de pequenos sacrifícios diários?

Qual será a nossa recompensa? *Entra no gozo do teu senhor.* No gozo definitivo, assim o esperamos; mas desde já a alegria será a resposta divina à nossa boa vontade. Há maior alegria do que a de termos sido bons? Podemos conhecê-la: é a recompensa imediata dos pequenos progressos de cada dia.

ÍNDICE

A pequena virtude da cortesia 5
A pequena virtude do passar despercebido 11
A pequena virtude da gratidão 19
A pequena virtude da sinceridade 27
A pequena virtude da discrição 35
A pequena virtude da esperança 43
A pequena virtude do bom humor 51
A pequena virtude da benevolência 57
A pequena virtude da economia 63
A pequena virtude da pontualidade 69
A pequena virtude da diligência 75
A pequena virtude da paciência 81
A pequena virtude da perseverança 89

Direção geral
Renata Ferlin Sugai

Direção editorial
Hugo Langone

Produção editorial
Gabriela Haeitmann
Juliana Amato
Ronaldo Vasconcelos

Capa
Gabriela Haeitmann

Diagramação
Sérgio Ramalho

Impressão
PlenaPrint

ESTE LIVRO ACABOU DE SE IMPRIMIR
A 25 DE FEVEREIRO DE 2025,
EM PAPEL PÓLEN BOLD 90 g/m^2.